Victor Manoel Andrade

A Ação
Terapêutica
da psicanálise e a neurociência

O mundo freudiano como
afeto e representação

Victor Manoel Andrade

A Ação
Terapêutica
da psicanálise e a neurociência

O mundo freudiano como
afeto e representação

© 2013 Casapsi Livraria e Editora Ltda.
É proibida a reprodução total ou parcial desta publicação, para qualquer finalidade, sem autorização por escrito dos editores.

Editor: *Ingo Bernd Güntert*
Gerente Editorial: *Fabio Melo*
Coordenadora Editorial: *Marcela Roncalli*
Assistente Editorial: *Cíntia de Paula*
Produção Editorial e Capa: *Casa de Ideias*

Dados Internacionais de Catalogação na Publicação (CIP)
Angélica Ilacqua CRB-8/7057

Andrade, Victor Manoel
A ação terapêutica da psicanálise e a neurociência: o mundo freudiano como afeto e representação / Victor Manoel Andrade. – São Paulo: Casa do Psicólogo, 2013.

Bibliografia
ISBN 978-85-8040-180-6

1. Psicanálise - ação terapêutica 2. Neurociência I. Título

13-0540   CDD 150.1952

Índices para catálogo sistemático:

1. Psicanálise – Ação terapêutica

Impresso no Brasil
Printed in Brazil

As opiniões expressas neste livro, bem como seu conteúdo, são de responsabilidade de seus autores, não necessariamente correspondendo ao ponto de vista da editora.

Reservados todos os direitos de publicação em língua portuguesa à

Casapsi Livraria e Editora Ltda.
Rua Simão Álvares, 1020
Pinheiros • CEP 05417-020
São Paulo/SP – Brasil
Tel. Fax: (11) 3034-3600
www.casadopsicologo.com.br

Unitermos:

Afeto; representação; transferência; emulação da função materna; caráter *borderline*; consciência; neurociência; inconsciente cerebral.

À MEMÓRIA DE MARIA MANHÃES.
Mestra inesquecível, orientadora de meus
primeiros passos no universo freudiano.

Sumário

Prefácio		11
Introdução		15
Parte 1	**O mundo freudiano como afeto e representação**	**23**
Capítulo 1	Quota de afeto e representação – Manifestações psíquicas do impulso instintual (*Trieb*)	25
Capítulo 2	Onde a psicanálise atua – O objeto de mudança	31
Capítulo 3	Como a psicanálise atua – Fundamentos da ação terapêutica	37
Capítulo 4	A evolução da maneira de ver a ação terapêutica	57
Capítulo 5	O narcisismo e a chamada personalidade *borderline* – Um exame de obscuridades conceituais à luz da metapsicologia freudiana	65

Parte 2 A ação terapêutica da psicanálise — 89

Capítulo 6 O afeto e a ação terapêutica – Novas perspectivas para a teoria da técnica — 91

Capítulo 7 O sonho como estado primordial da mente – A conduta analítica em face do narcisismo primário revelado no sonho — 121

Capítulo 8 Sonho e psicose – Aspectos metapsicológicos e clínicos — 139

Parte 3 Metapsicologia científica e o ser humano como unidade sociobiológica — 161

Capítulo 9 Metapsicologia e consiliência — 163

Capítulo 10 O ego, o inconsciente e a consciência — 175

Capítulo 11 Esclarecimentos finais — 199

Referências — 205

Prefácio

Ao publicar *Psicanálise de amplo espectro* (1993), tive a intenção de mostrar a nova psicanálise praticada no final do século XX, centrada na relação objetal e na intersubjetividade. Descrevi-a como evolução daquela iniciada no final do século XIX, predominante por quase cem anos, que consistia basicamente em investigar e interpretar o inconsciente reprimido. Como processo evolutivo, a técnica moderna incorporava o método anterior, juntando o aspecto cognitivo da interpretação ao afetivo da relação objetal derivada da transferência. Assim, um método terapêutico que continuasse privilegiando o método interpretativo--cognitivo clássico em detrimento da relação intersubjetiva não deveria ser chamado apropriadamente de "psicanálise de amplo espectro", sendo mais adequado classificá-lo de "psicanálise de espectro restrito".

Depois, em *Um diálogo entre a psicanálise e a neurociência* (2003), procurei demonstrar que os conhecimentos biológicos recentes confirmam grande parte da teoria geral freudiana – esta seria dotada de fundamentação suficiente para reivindicar o *status* de metapsicologia científica, ou, pelo menos, preparar-se para ser desenvolvida nesse sentido. Nesses termos, haveria uma teoria geral psicanalítica com solidez suficiente para compreender a gênese do psiquismo a partir de sua

12 A ação terapêutica da psicanálise e a neurociência

raiz biológica e acompanhar suas diversas etapas evolutivas, bem como mostrar os meios de corrigir falhas ocorridas durante o processo de desenvolvimento.

Agora, achei conveniente juntar a clínica baseada na relação objetal apresentada em *Psicanálise de amplo espectro* à metapsicologia científica alvitrada em *Um diálogo entre a psicanálise e a neurociência*. A finalidade é examinar metapsicologicamente a ação terapêutica da psicanálise com a apresentação de exemplos clínicos, compreendendo principalmente os seguintes aspectos: (1) os pontos em que surgem falhas de desenvolvimento mental causadoras de transtornos psíquicos; (2) os meios de correção dessas falhas; (3) a forma assumida pela mente nas diversas etapas de constituição das falhas e durante o processo de modificação do psiquismo para corrigi-las ou minimizar-lhe os efeitos nocivos.

O desenvolvimento tem aqui o sentido dado por Freud ao objetivo da psicanálise: "fortalecer o ego, fazê-lo mais independente do superego, alargar seu campo de percepção e ampliar sua organização, a fim de que possa apropriar-se de novas porções do id" (1933 [1932], p. 80). Em suma, trata-se de desenvolvimento do ego – que, em sua plenitude, está apto a executar com eficácia a função de servir aos seus três senhores: id, superego e realidade externa. Para conseguir administrar os conflitos nessas três frentes, o ego precisa ser dotado de sabedoria política suficiente para fazer dele não apenas servidor, mas também governante. A dupla e paradoxal condição de súdito-monarca caracteriza o ego bem desenvolvido. Ao anexar partes do id, ele incorpora como seus os desejos dele. Por outro lado, ficando mais independente do superego, torna-se o ideal de si mesmo, neutralizando o despotismo moral daquela instância. Ao compatibilizar as duas frentes internas, habilita-se a conviver produtivamente com a realidade externa, não se limitando a curvar-se a ela em certas situações em que tem de alterar-se internamente para atendê-la; com efeito, também a modifica para satisfazer suas próprias necessidades. Enfim, além de adaptações autoplásticas, faz também adaptações aloplásticas – estas últimas são, por excelência, marcas distintivas do ego.

A ação terapêutica aqui apreciada consiste na recomposição feita pelo analista do desenvolvimento desvirtuado por função materna exercida de forma inadequada, objetivo alcançado mediante replicação da relação mãe-bebê por via transferencial – ou seja, a relação analítica reproduz a relação objetal primordial. Dada a natureza singular da relação mãe-bebê, que é ao mesmo tempo social e biológica, ao reproduzi-la por via transferencial, a relação analítica emula virtualmente um fenômeno sociobiológico. Nessa perspectiva, a metapsicologia sintetiza o biológico e o social, condição em que a psicanálise é, simultaneamente, uma ciência natural e humana – em outros termos, por meio da metapsicologia a ciência humana se torna natural.

O livro engloba ideias apresentadas em diferentes ocasiões, em reuniões científicas, congressos e trabalhos publicados em órgãos psicanalíticos diversos. Dentre estes últimos, gostaria de particularizar os seguintes trabalhos, que constituem os capítulos 6 e 7, respectivamente: Andrade, V. (2005). Affect and the therapeutic action of psychoanalysis. *Int. J. Psychoanal, 86,* 677-97; e Andrade, V. (2007). Dreaming as a primordial state of the mind: The clinical relevance of structural faults in the body ego as revealed in dreaming. *Int. J. Psychoanal, 88, 55-74.*

Em vista de a editora do *International Journal of Psychoanalysis,* Wiley & Sons Ltd., ser detentora do direito de publicação desses artigos, agradeço a ela pela permissão por ambos figurarem como capítulos do livro. Devo esclarecer que os textos em questão sofreram alterações para se ajustarem ao contexto do livro, sendo que alguns casos clínicos foram amplamente modificados – destinados originalmente a profissionais da área psicanalítica, eles foram adaptados para a leitura de público mais amplo.

Rio de Janeiro, 23 de maio de 2013.

Introdução

Este livro se propõe a mostrar como a psicanálise modifica a mente com o emprego de seu peculiar método psicológico, sem a participação de qualquer procedimento técnico diferente. No entanto, as exposições da prática psicanalítica tendem à esterilidade quando não fundamentadas em uma teoria da mente, ou seja, em uma concepção científica da matéria-prima, que é objeto da ação terapêutica. Como Freud mostrou (1923b [1922], p. 235), psicanálise é o nome de três coisas entrelaçadas inextricavelmente: (1) uma doutrina científica; (2) um método de investigação; (3) uma prática terapêutica: é uma doutrina científica cujo método de investigação é sua prática terapêutica. Do ponto de vista de sua evolução, foi inicialmente uma psicoterapia cujo método implicava um processo investigativo gerador de observações que proporcionaram uma teoria geral da mente. A interpenetração desses três aspectos requer entrar na intimidade teórica do aparelho psíquico quando se pretende abordar a ação terapêutica, tarefa às vezes árdua em face das diversas transformações ocorridas ao longo de mais de um século, algumas com particularidades regionais que tornam difícil chegar a um conhecimento unificado. Além disso, em anos recentes, a neurociência desvendou parte das bases neuroquímicas da mente, penetrando no âmago do objeto de estudo da psicanálise. Desse modo, mesmo que os conhecimentos neurocientíficos fiquem de fora da prática clínica, uma teoria da mente com pretensão científica não pode deixar de lado a evidência de que cérebro e mente formam um *continuum*, como foi assinalado pelo biólogo Edward Wilson: "praticamente todos os cientistas e filósofos especialistas no assunto concordam que a mente [...] é o cérebro em atividade" (1998, p. 98). Assim sendo, será inevitável tratar novamente de alguns temas desenvolvidos em outra ocasião, quando tentei estabelecer um diálogo entre a psicanálise e a neurociência, em minha obra de 2003.

A complexidade desses fatos demanda que se acompanhem as transformações ocorridas nos três componentes da psicanálise, razão por que o exame da ação terapêutica leva a uma atualização da teoria geral da mente, ou seja, da metapsicologia concebida por Freud. Uma visão moderna desse conjunto prefigura, por motivos expostos ao longo das próximas páginas, uma metapsicologia científica com características de ciência natural e humana. À semelhança da psicanálise, este livro consta de três partes interligadas: (1) descrição sucinta dos dois pilares centrais da teoria freudiana do aparelho psíquico – quota de afeto e representação; (2) exposição da ação terapêutica, com relatos de casos clínicos fundamentados teoricamente; (3) consequências da ação terapêutica sobre a teoria da mente, de modo a contemplar uma metapsicologia científica, para cuja formulação subsídios neurocientíficos são levados em conta. Em vista da interligação intrínseca do conteúdo, uma das partes surge sempre em meio à exposição das outras, provocando repetições impostas pelo contexto em que o tema está sendo tratado.

Uma vez que a intenção é destacar os fenômenos exclusivamente psicológicos da prática analítica, a neurociência entra apenas como reforço objetivo de conclusões teóricas subjetivas derivadas do escrutínio de dados clínicos. Para isso, a neurociência pode ser de grande valia, como é, por exemplo, a observação direta de bebês realizada por psicanalistas, que tem contribuído para a comprovação da presença da mente infantil na análise de pessoas adultas. Assim como a observação do desenvolvimento de bebês não se confunde com o método psicanalítico, os conhecimentos neurocientíficos não encontram lugar na psicanálise: nem em sua teoria do aparelho psíquico, nem na clínica. Se estudos sobre o desenvolvimento dos bebês são contribuições bem-vindas, achados neurocientíficos relacionados a hipóteses psicanalíticas devem ser acolhidos de bom grado, assim como quaisquer conhecimentos capazes de realçar conclusões teóricas retiradas da experiência clínica psicanalítica.

Deve ser ressaltado o aspecto coadjuvante da neurociência na abordagem de temas psicanalíticos, visto que seu espetacular progresso costuma despertar expectativas ilusórias de que ela não se limite a revelar a mente como atividade do cérebro, mas que vá além, empregando substâncias químicas a fim de modificar os estados psíquicos originários de interação afetiva, da esfera das relações objetais. Tais esperanças são compreensíveis, em razão do fascínio exercido pela neurociência sobre as pessoas cultas em geral, por sua capacidade de esclarecer objetivamente impalpáveis fenômenos psíquicos, dentre os quais se inclui até mesmo a consciência, tida durante séculos como inescrutável, sendo inacessível à investigação científica. Algumas das revelações fantásticas da neurociência deram a impressão de que segredos guardados a sete chaves por todos os mágicos do mundo começaram a ser exibidos a um público embevecido, ávido por conhecê-los. Entretanto, dados fornecidos por ela própria afastam a possibilidade de substâncias exógenas artificiais substituírem processos endógenos naturais induzidos por estados afetivos experimentados ao longo de uma vida de relações interpessoais. A neurociência não é capaz, por exemplo, de substituir a relação mãe-bebê, responsável pela formação da mente a partir de sua ação direta sobre neurotransmissores e circuitos neurais envolvidos na interação afetiva. A psicanálise, ao contrário, se propõe a modificar a mente com uma técnica indutora de emulação da função materna, na medida em que repete e atualiza a história das primeiras e mais importantes relações afetivas. Por sua capacidade de promover alterações mentais usando apenas a intersubjetividade inerente à reprodução transferencial de uma história afetiva, a psicanálise, como tive oportunidade de mostrar em *Um diálogo entre a psicanálise e a neurociência* (Andrade, 2003), é uma espécie de "psicofarmacoterapia" natural, endógena, visto que produz efeito similar ao operado no cérebro do bebê pela sua interação afetiva com a mãe, como atestam experiências neurocientíficas referidas mais adiante. A neurociência, por sua vez, produz alterações da mente por via exógena, artificial.

Considerando a diferença marcante entre ações endógenas (naturais) e exógenas (artificiais) sobre o processo histórico constitutivo da mente, ao examinar a interface entre a psicanálise e a neurociência, é preciso evitar misturá-las, risco que se corre quando se leva uma neuropsicanálise ao pé da letra.

18 A ação terapêutica da psicanálise e a neurociência

Contudo, o fato de a psicanálise e a neurociência serem conhecimentos distintos, possuidores de métodos inconfundíveis e irreconciliáveis, não impede reconhecer que a última chegou, por outros caminhos, à substância material de onde emana, como ilusão, a essência imaterial da primeira. A consubstancialidade de mente e cérebro se afirma de modo tão peremptório que qualquer estudo psicológico mais profundo, se quiser ser científico, não pode desconhecer os resultados das investigações neurocientíficas. Por isso, quando se expõem os aspectos subjetivos da ação terapêutica da psicanálise, é inevitável mostrar alguns concomitantes cerebrais, até mesmo porque a ação endógena produzida pela psicanálise se refere a um efeito sobre o cérebro. Assim, serão mostradas na parte final do livro as perspectivas de se chegar a uma psicanálise científica que contemple o ser humano integral.

A ideia de uma "psicofarmacoterapia" natural deriva do princípio básico de que a replicação da função materna ensejada pela transferência é o fator determinante da reestruturação psíquica. Mesmo sem ter ideia dessa característica tão decisiva da transferência, Freud (1914a) já a apontava como um dos dois elementos distintivos da psicanálise:

> [A] teoria da psicanálise é uma tentativa de explicar dois fatos [...]: a transferência e a resistência. Qualquer [...] investigação que reconheça esses dois fatos e os tome como ponto de partida de seu trabalho tem o direito de chamar-se psicanálise, mesmo que chegue a resultados diferentes dos meus (p. 16).

Essa afirmação é de uma época em que o alcance da transferência ainda não podia ser avaliado em sua plenitude, pois a eficácia do método psicanalítico era atribuída à conscientização do inconsciente. A psicanálise era um método apenas interpretativo, de natureza cognitiva, mediante o qual um desejo reprimido expresso como sintoma tinha seu significado decifrado, tornando-se consciente. Quando a experiência revelou que resistências anulavam os efeitos da interpretação, o alvo passou a ser o esclarecimento das resistências, procedimento também cognitivo que logo se mostrou ineficaz. Nesse ponto, a transferência positiva, até então considerada manifestação de resistência, surgiu como elemento salvador, pois dotava o analista do poder de convencer o paciente, por sugestão, a abrir mão das resistências. Nessa época, Freud (1920) explicou o papel da transferência nos seguintes termos:

Vinte e cinco anos de trabalho intenso resultaram em que os propósitos imediatos da técnica psicanalítica são hoje muito diferentes do que foram no começo. De início o analista não podia fazer mais do que descobrir o material inconsciente que estava escondido do paciente, juntá-lo, e, no momento certo, comunicá-lo. A psicanálise era então antes de tudo uma arte de interpretar. Uma vez que isso não solucionava o problema terapêutico, um objetivo posterior se fez presente: obrigar o paciente a confirmar a construção do analista com sua própria lembrança. Nesta empresa, a ênfase principal recai sobre as resistências do paciente: a arte consistia agora em revelá-las tão rapidamente quanto possível, apontando-as ao paciente e induzindo-o por influência humana – era onde a sugestão, operando como "transferência" fazia a sua parte – a abandonar suas resistências (p. 18).

Vê-se que a transferência era usada com a função de prover a força persuasória capaz de dissolver as resistências e facilitar a eficácia da interpretação, motivo por que foi dado a ela peso igual ao da resistência. Sem subestimar o papel da sugestão, já que sem ela o método psicanalítico provavelmente não existiria, o fato mais notável é que, sem se dar conta, Freud estava introduzindo o afeto como o verdadeiro deflagrador da genuína mudança estrutural. A aparente falta de noção desse passo revolucionário deve ser imputada à manutenção do modelo técnico aplicado às neuroses de defesa – em última análise, à ideia de que todo transtorno psíquico tem por causa impulsos sexuais reprimidos. Por isso, a sugestão transferencial tinha sua função encerrada ao vencer as resistências impeditivas do acesso ao inconsciente reprimido. Até certo ponto, é surpreendente que Freud tenha procedido assim, pois desde o estudo sobre o narcisismo, em 1914, ele percebera que o método, o qual era eficaz para as neuroses derivadas da libido reprimida, não produzia efeito nas neuroses narcísicas, que têm por sede o ego. O fato de as patologias do ego apontarem para a instância repressora, e não para o reprimido, era uma novidade ainda não bem compreendida, sendo necessário rever conceitos e parâmetros, já que tudo o que fora concebido até então dizia respeito à investigação da libido sexual reprimida.

A convicção de Freud sobre as limitações do método válido para as neuroses de defesa quando aplicado às neuroses narcísicas era inequívoca, podendo ser avaliada pela forma com que se referiu à necessidade de entender as patologias do ego, para as quais deveria ser criada nova técnica:

20 A ação terapêutica da psicanálise e a neurociência

Conduzi-os agora à região onde os próximos avanços no trabalho da análise são esperados [...] A psicologia do ego que estamos procurando não deve basear-se nos dados de nossas autopercepções, mas sim [...] na análise dos transtornos e das rupturas do ego. É provável que, quando tivermos conseguido realizar essa tarefa maior, tenhamos uma opinião modesta de nosso presente conhecimento das vicissitudes da libido, que adquirimos no estudo das neuroses de transferência. Mas até agora não fizemos muito progresso. As neuroses narcísicas dificilmente podem ser atacadas com a técnica de que nos servimos nas neuroses de transferência. [...] Nossos métodos técnicos devem, por isso, ser substituídos por outros; e nem sequer sabemos se conseguiremos encontrar um substituto (Freud, 1916/1917, pp. 422-423).

No entanto, Freud nunca deixou de raciocinar em função da libido reprimida, ou seja, do id, mesmo depois de ter lançado a psicanálise na era da psicologia do ego, em 1923. Contudo, apesar de manter o limitado modelo antigo, sua nova configuração tripartite da estrutura mental foi tão profunda e abrangente, que ainda hoje fornece cobertura metapsicológica à evolução técnica posterior centrada na relação objetal, predominante na psicanálise praticada atualmente, em que a transferência desponta como elemento fulcral. A noção do mecanismo de repetição que lhe é inerente possibilita verificar que ela vai muito além da superação das resistências. Efetivamente, a compulsão à repetição subjacente à transferência costuma reproduzir a história afetiva do analisando desde seus primeiros contatos com o mundo objetal, possibilitando inferir até mesmo os elos somáticos do psiquismo detectáveis nos sonhos, embora certos aspectos do narcisismo primário (anobjetal) não sejam repetidos por via transferencial, como será visto no capítulo que trata do sonho como estado primordial da mente.

Desde o emprego da transferência como sugestão, o elemento afetivo firmou-se aos poucos como instrumento técnico basilar. Com isso, a prática clínica coadunou-se com a maneira pela qual Freud concebera a mente desde o princípio, no tempo da colaboração com Breuer. De fato, em um período pré-psicanalítico, antes mesmo do "Projeto" de 1895 ser concebido, a quota de afeto já aparecia como expressão da energia psíquica impregnando registros mnêmicos:

[1.] Todo acontecimento, toda impressão psíquica é provida de uma determinada quota de afeto da qual o ego se desfaz, ou por meio de uma reação motora ou por uma atividade psíquica associativa (Freud, 1893 [1888], pp. 171-172).

Introdução **21**

[2.] Nas funções mentais algo deve ser distinguido – uma quota de afeto ou uma soma de excitação – que possui todas as características de uma quantidade [...] que é capaz de aumento, diminuição, deslocamento e descarga, e que está espalhada sobre os traços de memória das representações como uma carga elétrica está espalhada sobre a superfície de um corpo (Freud, 1894, p. 60).

A ubiquidade do afeto foi reafirmada nos artigos metapsicológicos de 1915, a despeito de não ter recebido função técnica específica, ou sequer ter seu conceito definido com precisão, clareza, abrangência e destaque compatíveis com sua proeminência. Segundo esses artigos, os tijolos que edificam a mente são a *representação* (*Vorstellung*) e a *quota de afeto*, os dois representantes psíquicos do impulso instintual (*Trieb*) – este, situado na fronteira entre o somático e o psíquico na qualidade de excitação endossomática, foi considerado o mais fundamental dos conceitos metapsicológicos (Freud, 1915a; 1915b; 1915c). Uma vez que a quota de afeto e a representação são as formas pelas quais o impulso instintual se apresenta na mente, quem compreender todo o significado desses dois conceitos conhece os fundamentos da metapsicologia freudiana, sendo capaz de acompanhar todos os seus meandros. Por isso, antes de passarmos ao exame dos principais elementos da ação terapêutica da psicanálise, façamos uma incursão metapsicológica nesses dois conceitos cardeais, de cuja compreensão depende praticamente tudo em psicanálise, sobretudo do protagonismo do afeto na modificação da mente, tema central deste livro.

Parte 1

O mundo freudiano como afeto e representação

capítulo  1

Quota de afeto e representação – Manifestações psíquicas do impulso instintual (*Trieb*)

Desde sempre, o afeto esteve presente nos escritos de Freud. Entretanto, ele nunca dedicou um livro ou um artigo em que o descrevesse amplamente ou o definisse de modo convincente, apesar de o afeto permear toda a sua obra. A falta de uma descrição clara ensejou que seu sentido fosse sempre impreciso, notadamente em razão de ser referido ora como evento metapsicológico específico, ora com o sentido descritivo comum. Ao formalizar sua metapsicologia em 1915, foi reiterada a ideia emitida nos primórdios de que a quota de afeto é a energia que "se espalha sobre os traços mnêmicos das representações" (Freud, 1894, p. 60). Mas, dessa vez, Freud foi mais incisivo, deixando restar poucas dúvidas sobre o conceito, se juntarmos ideias apresentadas em seus três primeiros artigos metapsicológicos (1915a; 1915b; 1915c). No primeiro (1915a), o impulso instintual (*Trieb*) foi apresentado como o mais básico dos conceitos. Situado na fronteira entre o somático e o psíquico, sua fonte é uma excitação endossomática que expressa uma necessidade biológica vital, motivo por que não se detém enquanto não for satisfeita. Quando satisfeita, os dois momentos deixam traços mnêmicos: a necessidade, que se liga a uma quota de afeto de desprazer, e a satisfação, com uma quota de afeto de prazer.

26 A ação terapêutica da psicanálise e a neurociência

Vê-se que o *Trieb-necessidade* apresenta quatro características: (1) a *fonte* endossomática (necessidade em si); (2) a *pressão* da urgência de satisfação (quota de afeto); (3) a *finalidade* representada pela satisfação em si (afeto, ou descarga da quota de afeto); e o *objeto* que satisfaz a necessidade. O registro mnêmico da *necessidade-Trieb* ficou impregnado de uma quota de afeto de desprazer, enquanto o registro mnêmico da satisfação ficou impregnado de uma quota de afeto de prazer. Como Freud mostrou desde 1894, o traço mnêmico ocupado por uma quota de afeto constitui uma representação (*Vorstellung*), de modo que as representações de prazer e desprazer surgidas nesse evento podem ser considera-das marcos inaugurais da mente. Ao deixar o traço mnêmico ocupado por uma quota de afeto, o *Trieb* endossomático é convertido em psíquico. Por isso, Freud foi taxativo ao dizer que "um *Trieb* nunca pode tornar-se consciente – somente sua representação psíquica pode. Mesmo no inconsciente, um *Trieb* não pode ser representado senão por uma ideia [representação]" (1915c, p. 177). Foi categórico ao afirmar: "Se o instinto [*Trieb*] não se ligou a uma ideia [representação] ou se manifestou como um estado afetivo, nada se pode saber sobre ele" (Freud, 1915c, p. 177). Nem podia ser diferente, pois se trata de conceito fronteiriço, ou seja, ainda não psíquico; só se torna psíquico como representação (*Vorstellung*), a qual está ligada uma quota de afeto.

Temos então que *representação* e *quota de afeto* são os dois representantes psíquicos do impulso instintual, sendo a primeira o fator qualitativo (traço mnê-mico) e a segunda o fator quantitativo, a energia instintual propriamente dita. Por ser o representante energético, a quota de afeto em certas circunstâncias é confundida com o *Trieb*, como Freud observa: "Ela [a quota de afeto] cor-responde ao impulso instintual [*Trieb*] quando é destacada da representação e encontra expressão, proporcional à sua quantidade, em processos que são sen-tidos como afetos" (1915b, p. 152). Fica bastante clara a intenção de Freud de caracterizar o afeto como a descarga da quota de afeto. Os dois representantes psíquicos do impulso instintual formam uma díade, na medida em que a quota de afeto é a energia que ocupa (se espalha sobre) o traço mnêmico constitutivo da representação – esta é, por definição, um registro mnêmico ocupado (catexi-zado) por quota de afeto. Portanto, quota de afeto e representação são conceitos interdependentes, a primeira sendo o fator econômico-dinâmico (quantitativo) e a segunda, o elemento topográfico (qualitativo) do trinômio metapsicológico (Freud, 1915c).

Na seção C do capítulo 7° de *A interpretação dos sonhos* (1900), Freud usou a necessidade de nutrição para mostrar como o evento fundador da mente (satisfação de necessidade) dá origem ao desejo, primeira manifestação real do psiquismo. Quando uma necessidade satisfeita anteriormente surge novamente, há um impulso para repetir a experiência anterior de satisfação – esse impulso é o desejo propriamente dito. Em vez de esperar que a necessidade seja satisfeita exatamente como da vez anterior, isto é, pelo seio da mãe, o impulso (quota de afeto) é agora dirigido ao traço mnêmico da satisfação. A quota de afeto do impulso de desejo recente se junta à que ocupava o traço mnêmico da satisfação anterior (representação), resultando um consórcio energético possuidor de ímpeto suficiente para transbordar da imagem mnêmica (representação) e se descarregar como realização alucinatória do desejo, ou seja, como um afeto de prazer. Vê-se que a representação da satisfação anterior era continente da quota de afeto de prazer, mas quando esta foi acrescida da quota de afeto do desejo surgido da nova necessidade, perdeu a capacidade de conter o novo consórcio energético, que irrompeu como realização alucinatória do desejo. Apenas depois de as exigências da vida mostrarem que a descarga alucinatória, apesar de realizar o desejo, não satisfaz a necessidade real, o bebê aprende a limitar a quota de afeto ao papel de ocupação do traço mnêmico (representação), esperando para descarregá-la apenas em face de uma satisfação real. O processo psíquico durante o qual a representação não consegue ser continente da quota de afeto foi chamado de "primário", recebendo o nome de "processo secundário" aquele em que a quota de afeto é contida na representação. No primeiro caso, a energia psíquica é chamada "livre"; no segundo, "ligada". A capacidade de retenção da quota de afeto leva inicialmente à fantasia, intermediária entre a alucinação e a satisfação real, e posteriormente ao pensamento, capaz de prover a satisfação definitiva em ambiente seguro. Ao ser capaz de fantasiar, o bebê pode realizar seu desejo na imaginação, sem precisar fazê-lo alucinatoriamente, enquanto aguarda a satisfação real ser oferecida pelo objeto. Assim, a fantasia livra o bebê da alucinação, enquanto prepara sua mente para o pensamento definitivo posterior. Na verdade, a fantasia é intermediária entre a alucinação e o pensamento, tendo um pé na primeira e outro na realidade.

Tudo o que ocorre no psiquismo a partir daí é decorrência da maneira como se dispõem esses elementos básicos, que estão para a mente assim como as células estão para os organismos vivos. O funcionamento psíquico normal depende do

28 A ação terapêutica da psicanálise e a neurociência

nível maior ou menor da retenção da quota de afeto na representação, bem como do encontro das melhores condições em que deve ocorrer sua descarga – esta é a finalidade do *Trieb* e objetivo final do psiquismo. Por outro lado, a capacidade de contenção depende do nível de representações positivas e negativas, do grau de experiências de prazer e desprazer, ou seja, da maneira como a mãe lida com os desejos do bebê.

Não obstante a articulação de conceitos emitidos em locais diversos permitirem chegar a uma ideia clara dos conceitos freudianos de afeto e quota de afeto, a realidade é que ainda hoje se costuma usar os dois termos como sinônimos. Por isso, não parece supérfluo reiterar que "quota de afeto" é metapsicologicamente um representante psíquico (energético) do *Trieb*, associado, por definição, à representação (*Vorstellung*), que é o outro representante psíquico (topográfico) do *Trieb*. Assim, a quota de afeto está sempre ocupando (catexizando) uma representação, podendo deslocar-se de uma representação para outra, mas sempre atrelado a uma delas, já que quota de afeto e representação são conceitos indissociáveis. Quando ocorre uma separação entre as duas, isto é, quando a quota de afeto não pode ocupar uma representação qualquer, ela retorna à sua origem endossomática, readquirindo sua condição original de excitação endossomática, circunstância em que se descarrega no interior do corpo como afeto ou como sintoma somático. A respeito do afeto como fenômeno corporal, Freud observou: "A afetividade manifesta-se essencialmente em descarga motora (secretora e vasomotora), resultando numa alteração do corpo, sem referência ao mundo externo" (Freud, 1915c, p. 179, n. 1). Freud considerou-o um fenômeno amplo, que inclui tudo o que afeta a mente, positiva ou negativamente, como prazer ou desprazer, incluindo sensações, sentimentos e emoções.

Uma vez que a quota de afeto é a própria energia psíquica, tudo na mente gira em torno dela, seja como o elemento que ocupa (catexiza) uma representação, seja como o afeto resultante de sua descarga corporal. Por isso, o fator afetivo é o princípio e o fim da ação terapêutica da psicanálise. Princípio, por constituir o cerne da transferência, mediante a qual a análise se torna operativa; fim, por estar presente no equilíbrio ótimo entre a representação, com sua condição intrínseca de retentora de energia (ligada), e a descarga afetiva tornada possível, como processo afetivo-cognitivo, quando a análise atinge sua culminância.

Vale registrar que o termo "afeto" é empregado com sentido metapsicológico ao longo deste livro, não tendo, portanto, o significado da linguagem corrente. Assim, quando a conduta do analista for adjetivada como afetiva, não deve ser tomada na acepção comum de "afetuosa", mas no sentido psicanalítico de lidar apropriadamente com quotas de afeto.

capítulo 2

Onde a psicanálise atua – O objeto de mudança

Uma exposição da maneira como a psicanálise modifica a mente não se sustenta se não for mostrado com clareza o que precisa ser modificado. Nesse caso, o objeto de mudança é o ego. Freud deixou isso explícito ao fazer a seguinte declaração a respeito de finalidade da terapia analítica: "Sua intenção é fortalecer o ego, fazê-lo mais independente do superego, ampliar seu campo de percepção e alargar sua organização, de modo que possa apropriar-se de novas porções do id. Onde era id, deverá ser ego" (1933 [1932], p. 80).

Estava aí substituída a antiga finalidade de tornar consciente o inconsciente pelo propósito de transformar o id em ego. Apesar de falar em desenvolvimento do ego, era mantida a ideia vigente de que o desenvolvimento consistia em anexar partes do id, sem alusão às deficiências intrínsecas do ego. A concepção antiga de que o simples resgate de material reprimido produziria a mudança desejada presumia que as instâncias psíquicas eram originalmente íntegras, de modo que as anomalias decorriam de suas inter-relações, com exigências do superego feitas ao ego, em função das quais este reprimia o id. Para ser mais específico, o ego era naturalmente íntegro, mas se tornava frágil em razão de sua energia ser exaurida na ação repressora. Essa suposição mostrou-se limitada quando foi verificado que o ego pode apresentar falhas estruturais desde o início, independentemente de atividades de defesa. Assim, a ação terapêutica inclui a modificação de instâncias que se desenvolveram com falhas. Como foi visto, mesmo depois de ter percebido que patologias do ego deviam ser tratadas de forma diferente das atinentes à libido reprimida, Freud manteve a técnica interpretativa como método exclusivo, pressupondo que alterações do ego resultavam de desgaste na ação defensiva.

Prevalecia o princípio de que a interpretação resgatava o id reprimido, o qual seria naturalmente anexado ao ego. Essa visão cristalizou-se como inerente à psicanálise, sendo absorvida até mesmo pelos adeptos da psicologia do ego pós-freudiana. Sequer a postulação por Hartmann (1958 [1939]) de uma "esfera do ego livre de conflito", isto é, com funções diferentes das de defesa, foi suficiente para introduzir soluções diferentes para transtornos dessa parte do ego, tão grande era a certeza de que a interpretação era o único instrumento do método psicanalítico. A corrente inglesa que privilegiou a relação objetal concorreu para a reestruturação do ego ao dar ênfase ao afeto transferencial, apesar de não o usar com finalidade estruturante primária, mas como intermediário da interpretação. Um passo importante para atribuir ao afeto prerrogativas de elemento primário de reestruturação foi dado por Kohut , ao ver a empatia como instrumento primordial de ação terapêutica, encaminhando o processo psicanalítico para a intersubjetividade.

Depois de muitos anos de tentativas de encontrar um método que contemple a natureza da mudança psíquica, pôde-se chegar à evidência de que a recuperação de falhas básicas do ego se dá por meio do preenchimento de lacunas afetivas deixadas pelo objeto. Para isso, a lembrança de episódios de uma história esquecida tornou-se secundária, passando a ser prioritária a reprodução da história das primeiras relações afetivas, verdadeiras causadoras de falhas estruturais. Se antes uma pessoa *relatava* sua história para que outra, dotada de sensibilidade e conhecimentos científicos, a investigasse, agora uma pessoa *revive* sua história afetiva com outra dotada de capacidade especial de desprender-se de sua própria história para penetrar na do interlocutor, participando dela para atualizá-la e modificar-lhe os efeitos. Em suma, a história do analisando, que se desenrolou em ambiente que não acolheu adequadamente suas necessidades básicas, em vez de lembrada, é atuada e revivida como atual na presença do analista. Este participa dessa história de modo diferente do objeto anterior, originando um novo modelo de relação objetal, cuja introjeção atenua as falhas geradas pelo ambiente anterior.

Considerando que a mente é construída desde as primeiras experiências de vida, o processo psicanalítico abrange o espectro mais amplo possível de situações causadoras de falhas estruturais. Freud (1937a) postulou que a mente do bebê ao nascer é formada por um conjunto indiferenciado (ego-id) herdado geneticamente, do qual o id e o ego desabrocham depois, como produtos de diferenciação. O id já está formado no nascimento, mas o ego só desenvolve seu potencial genético em interação com o ambiente. Portanto, o componente hereditário do ego é amadurecido, desenvolvido e modificado pelo ambiente com que interage. Sendo quase inexistente no início, o ego do bebê é, de fato, exercido pela mãe, da qual depende totalmente. Em razão dessa dependência, o ego da mãe ficará amalgamado com o do filho pelo resto da vida, motivo por que o desenvolvimento é condicionado pelo modo de atendimento das necessidades desde o início.

Apesar de ter-se referido à necessidade de nutrição como exemplo da gênese do desejo, Freud considerou como primeira necessidade o oxigênio durante o nascimento, fato criador da ansiedade primordial, ou seja, a primeira expressão de afeto. Diz Freud (1916/1917) nos seguintes termos:

> Acreditamos que é no ato do nascimento que se origina a combinação de desagradáveis sentimentos, impulsos de descarga e sensações corporais que se tornaram o efeito de um perigo mortal e que passou a ser repetido desde então como o estado de ansiedade. O imenso aumento da estimulação devido à interrupção da renovação do sangue (respiração interna) foi naquele tempo a causa da experiência de ansiedade; a primeira ansiedade foi assim de natureza tóxica (p. 396).

Apesar de sensações intrauterinas indicarem um psiquismo fetal, o afeto (ansiedade) primordial experimentado no nascimento reveste-se de características tão especiais que pode ser considerado uma espécie de *big bang* psíquico. Acompanhar o que ocorre a partir daí possibilita compreender por que o mundo freudiano é formado por afeto e representação. Até então, a mente fetal estivera em repouso, no estado nirvanesco em que a energia instintual – nesse caso, a quota de afeto costuma ser chamada de "libido" – se encontrava em narcisismo absoluto, uma vez que as necessidades fundamentais eram supridas diretamente pelo sangue materno. No nascimento, ocorre uma espécie de explosão em que a libido (quota de afeto) é arrancada abruptamente de seu estado de repouso, sendo espalhada por todas as partes do corpo, que experimentam múltiplas sensações durante a mudança drástica de ambiente. O episódio traumático do nascimento é descrito por Apgar como "a mais perigosa viagem já feita por qualquer um de nós" (1974 citado por Small, 1980, p. 12). Greenacre sustenta que "a situação especial em que a dor aparece de maneira proeminente como parte de uma função fisiológica ordinária é o nascimento" (1945, p. 32). Em termos metapsicológicos, a sufocação e o alívio subsequentes correspondem ao deslocamento explosivo da libido, uma espécie de cataclismo econômico, cujo aspecto dramático é superado pela eliminação do gás carbônico e a simultânea inalação de oxigênio. Mas as agruras do nascimento não se restringem a esse aspecto tóxico, pois a troca do meio aquático pelo aéreo provoca múltiplas sensações corporais que também convulsionam a economia libidinal.

O registro mnêmico dos intensos afetos de desprazer e prazer experimentados nesse momentoso evento constitui um marco que influencia o desenvolvimento futuro; este depende da maneira como o trauma primordial será superado pela participação do ambiente. Em termos metapsicológicos, depende de como a libido retornará ao estado anterior de repouso. Segundo Greenacre (1945):

> [O nascimento] exerce definidas influências sobre os futuros padrões físico e psíquico da criança, especialmente sobre aqueles mais amplos padrões de distribuição de energia e de distribuição dos impulsos e em menor proporção sobre aqueles menos amplos e mais específicos padrões que caracterizam uma neurose ou outra (p. 31).

O acolhimento ótimo proporcionado pelo ambiente faz com que haja o reencontro mais próximo possível do estado intrauterino, circunstância em que o trauma fica superado. Mas a não restauração desse estado favorece o desenvolvimento anômalo. Quando surgem novas necessidades, particularmente a de nutrição, o estado traumático se reinstala, com ativação do registro mnêmico do trauma anterior, impregnado de uma quota do afeto experimentado antes. Portanto, o afeto anterior de desprazer é reavivado junto com o da nova necessidade. Uma vez que a necessidade anterior foi satisfeita com o ato motor de eliminação do gás carbônico pelo choro, serão repetidos movimentos de expulsão, mediante choro, esperneio e uma série de descargas internas, secretoras e vasomotoras, que se espalham por todo o corpo. Porém, trata-se de um procedimento inútil, pois agora a satisfação depende da atuação da mãe, a provedora da amamentação. Mais uma vez, o estado da mente subordina-se à presteza com que se dá a satisfação da necessidade – em termos metapsicológicos, de como a ação do ambiente recompõe a economia libidinal, de modo a fazer com que experiências de satisfação (prazer) superem as de necessidade (desprazer).

Apesar de o afeto de ansiedade expresso por via motora (choro), que fora operativo na expulsão do gás carbônico no nascimento, não surtir efeito diante da necessidade de nutrição, ele serve para alertar a mãe da aflição do bebê. Esse fato é notável, pois a ansiedade, ainda que seja o primeiro afeto de desprazer, constitui também a primeira forma de comunicação do bebê, como importante instrumento de sobrevivência. O afeto é, então, a forma natural de comunicação do bebê, sendo o objeto tanto melhor quanto maior sua capacidade de captar o que é transmitido por essa expressão de afeto por via corporal. A compreensão da comunição pelo afeto é a verdadeira empatia, característica precípua da condição de ser mãe, instrumento básico da ação terapêutica da psicanálise a ser focalizada mais adiante.

Entretanto, o afeto de ansiedade não se presta apenas ao papel de soar o alarme que desperta a atenção materna. Sua ação essencial para a sobrevivência se mostrará também nas circunstâncias em que o bebê não puder ser assistido pelo objeto. A mãe genuinamente empática sabe que o filho não poderá contar com ela o tempo todo e, por isso, tem de prepará-lo para tornar-se independente dela. Assim, capacita-o progressivamente a suportar certo nível de ansiedade, que será usada como sinal de alarme para si próprio, de modo a evitar situações de sofrimento, ou que ponham a vida em risco. A capacidade de aguentar certo grau de frustração é adquirida quando as necessidades e os desejos são atendidos em tempo adequado – adequação aqui implica predomínio de quotas de afeto de prazer, mas com uma reserva ótima de representações de desprazer.

Esse cenário, que permite manter o nível de ansiedade compatível com situações apenas de alarme realista, ocorreria se as necessidades e os desejos do bebê fossem atendidos em tempo adequado, o que corresponderia ao ego normal. Mas, conforme afirmou Freud, a normalidade é uma ficção ideal, pois quem é normal só o é em média (1937a, p. 235). Por isso, a mãe só atende as necessidades do filho em média, deixando na realidade surgirem afetos negativos em níveis prejudiciais, em maior ou menor grau, às vezes compatíveis com a normalidade média, mas outras vezes fora da normalidade, constituindo neuroses, psicoses, patologias de caráter ou perversões. Contudo, pode também ter comportamento contrário, atendendo todas as necessidades, sem deixar margem para que as reservas de representações de desprazer sejam convenientes.

Citando Freud novamente, se a normalidade é ficção, a anormalidade não o é (1937a, p. 235). Se uma anomalia psíquica se desenvolve, uma atuação inadequada do objeto quase certamente contribui para isso, seja por dificuldade de compreensão de necessidades especiais oriundas de tendências hereditárias, congênitas, ou acidentais, que requerem capacidade empática acima da média, seja por capacidade empática deficiente que leva ao não atendimento de necessidades médias. Em qualquer circunstância, o método usado pela psicanálise para fazer face à patologia implica reproduzir no processo analítico a atmosfera afetiva geradora do desenvolvimento anômalo, de modo a criar um novo cenário em que o analista emule a função materna e modifique aquelas estruturas constituídas por representações com quotas de afeto negativas. A finalidade será, pois, introduzir novas quotas de afeto positivas para modificar as representações primitivas. Como mostrei em outro lugar, a maternagem analítica, como a comunicação mãe-bebê, se passa exclusivamente na esfera afetiva, num "universo sem palavras" (Andrade, 1988a) dominado pela empatia, onde as palavras são apenas sons afetivos.

Nesse ponto, não parece supérfluo lembrar a diferença entre situações reais e virtuais envolvidas nos termos maternagem e afeto. Na história do analisando, este era um bebê real que dependia de um objeto também real. Por sua vez, a relação materno-infantil surgida na análise é virtual, já que analista e analisando são pessoas reais adultas. A regressão do analisando adulto consiste em resgatar um bebê que fora real, transportando-o sob forma virtual para o *setting* analítico. Ali, as quotas de afeto que ocupavam as representações do objeto real do passado são transferidas para a representação do analista, que fica habilitado a executar a maternagem virtual. Esta é radicalmente diferente da real, pois se dá no plano exclusivo da compreensão do estado do analisando, isto é, em um plano metapsicológico, sem expressão concreta do afeto da acepção comum. Ao contrário, a manifestação de afetividade explícita contribui para infantilizar o analisando, fato que, além de significar desconhecimento do sentido virtual da regressão e da transferência, se contrapõe à finalidade da análise de promover o desenvolvimento psíquico, estando aí implícito o respeito à dignidade do cidadão adulto.

capítulo 3

Como a psicanálise atua – Fundamentos da ação terapêutica

A psicanálise atual, embora encampe a maioria das conquistas do tempo em que o objetivo era interpretar impulsos reprimidos, expandiu seu âmbito de atuação ao considerar a necessidade de remodelação do ego, cuja estruturação anômala gera patologias consideradas anteriormente fora do escopo da psicanálise. Sendo o ego normal uma ficção ideal, obviamente sempre apresenta falhas; por conseguinte, suas deficiências nunca deixaram de estar presentes nas neuroses de defesa, embora o fato fosse negligenciado ou subestimado quando se trabalhava com o pressuposto de sua natural integridade. Em face dessas indefectíveis falhas, mesmo nas neuroses clássicas, relacionadas à libido reprimida, o ego costuma apresentar falhas que não têm a ver com a ação defensiva. Essa nova realidade mostra que o trabalho de restauração do ego é imprescindível mesmo quando uma das neuroses clássicas ocupa a parte central do quadro clínico.

O conhecimento do ego enseja compreender como deve ser uma psicanálise ampla, focalizada na relação objetal, apesar de a compreensão ser de natureza antes teórica que prática, pois nem Freud nem seus pósteros mostraram clinicamente como se dá a restauração de falhas estruturais. A rigor, o conhecimento surgido a partir de *O ego e o id*, em 1923, desenvolveu-se na prática com investigações orientadas por psicanalistas sobre o desenvolvimento de bebês. Observações sobre o desenvolvimento, como as de Mahler e Bowlby, têm contribuído para dar solidez ao conhecimento do ego, assim como estudos interdisciplinares surgidos na segunda metade do século XX. Divergências entre as abordagens não impedem um consenso sobre a importância do ambiente na formação do ego, mesmo em casos de participação de componentes genéticos. Há concordância em que o material genético não está todo pronto no nascimento, sendo desenvolvido posteriormente sob a influência da interação com o ambiente. Esse é o ponto de maior interesse para a psicanálise, que há muito tem demonstrado a importância da relação objetal na estruturação da mente. Em função desse conhecimento, o papel do analista como emulador da função materna passou a ser a forma mais convincente de promover transformações psíquicas.

Em suma, o entendimento de como a estrutura psíquica tripartite se forma e se desenvolve permite concluir que o mecanismo metapsicológico da mudança psíquica consiste na criação de novas representações da relação atual (analítica), para as quais são transferidas parcelas das quotas de afeto das representações das relações antigas. Assim, a clássica postulação de Freud de que a ação psicanalítica depende da transformação da neurose primitiva em neurose de transferência deve incluir um fato novo de maior amplitude, ou seja, que a transferência modifica o ego por meio de realocação de quotas de afeto, sem haver necessariamente a participação de interpretações.

Esse deve ser o ponto de partida para demonstrar como ocorre a mudança operada pela psicanálise. A ação terapêutica se fundamenta nos seguintes elementos, dos quais derivam os demais componentes e procedimentos técnicos: personalidade do analista; associação livre; regressão; transferência-contratransferência; identificação; superação das resistências; diálogo analítico (interpretações, construções e esclarecimentos diversos).

Personalidade do analista

Trata-se do fulcro da ação terapêutica, responsável pela sustentação de todo o resto, sendo a capacidade empática a qualidade primordial – esta é a mola mestra do processo psicanalítico, sem a qual não se instala um processo psicanalítico conducente à meta última de reestruturação da mente. A empatia dá ao analista a medida do *quanto* ele deve ouvir, do *que*, *quanto* e *como* ele deve falar. Possibilita que os demais elementos do processo psicanalítico se desenvolvam em plenitude, especialmente a regra fundamental, a transferência, a identificação e a superação das resistências. Sendo componente intrínseco da personalidade, manifesta-se de modo natural e inconsciente, sem que o analista faça qualquer esforço para ser empático. Ao contrário, o esforço seria antiempático, por tornar artificial algo eminentemente espontâneo. Por isso, o lugar apropriado para o analista desenvolver sua capacidade empática natural é a análise pessoal. Sendo o veículo pelo qual o inconsciente do analista se manifesta, é o ponto de contato com o inconsciente do analisando, isto é, o fator por excelência de estabelecimento da relação profunda do par analítico. É próxima da intuição, mas não se confunde com esta. A intuição é uma sensibilidade de conotação perceptiva, que dá ao analista a faculdade de captar o inconsciente do analisando, sendo um instrumento poderoso para a interpretação. Portanto, sua função básica é cognitiva. A empatia é essa capacidade voltada para o sentimento do analisando, independentemente de seu conteúdo ideativo – é a identificação com o sentimento de outrem. Pertence, assim, ao campo afetivo. A intuição influi sobre o psiquismo do analisando indiretamente, servindo de veículo para a interpretação, esta sim, possuidora de efeito modificador. A empatia é estruturante por si mesma, independendo de interpretação.

Apesar de a empatia ser a mola mestra da personalidade do analista em sua ação modificadora da mente do analisando, é evidente que muitas outras qualidades são esperadas dele, afora a óbvia de possuir elevado nível de conhecimento científico de seu campo profissional. A transferência dos afetos mais significativos requer a sabedoria própria de quem superou o narcisismo primário para lidar com a delicada situação criada, pois deverá estar cônscio da irrealidade dos atributos conferidos pela transferência, de modo a estar apto a recambiá-los quando possível.

Freud falou da necessidade de o analista ter uma personalidade especial para que a psicanálise seja uma profissão possível, afirmando que um processo analítico não convive com a impostura e a fraude. Ele afirmou isso em um contexto no qual tratava de impasses e análises intermináveis (1937a). Na verdade, o analisando costuma ter percepção inconsciente da falta de empatia do analista, circunstância em que cria resistência (também inconsciente) ao processo analítico, originando impasse ou análise interminável. Assim, quando uma análise não apresentar o rendimento esperado, deve ser considerada a possibilidade de o analista não ter sido, ou não ter podido ser, empático com aquele paciente.

40   A ação terapêutica da psicanálise e a neurociência

Porém, as exigências feitas ao analista não ficam por aí. Outros fatores cruciais do processo psicanalítico demandam dedicação ao analisando que só uma personalidade bem estruturada pode suportar. Em razão da magnitude dessa demanda, Freud considerou a psicanálise uma profissão quase impossível, por exigir do analista uma perfeição inexistente na realidade. Diz Freud (1937a) nos seguintes termos:

> É razoável esperar de um analista, como parte de suas qualificações, um grau considerável de normalidade mental e correção. Além disso, deve possuir alguma espécie de superioridade, de modo que em certas situações possa agir como um modelo para o paciente. [...] Afinal, não devemos esquecer que a relação analítica é baseada no amor à verdade [...] e que isso exclui qualquer espécie de impostura ou fraude. [...] Não podemos obviamente exigir do candidato a analista que seja um ser perfeito antes de começar a analisar, em outras palavras, que só pessoas de tão alta e rara perfeição devem entrar para a profissão. Mas onde e como o pobre coitado vai adquirir as qualificações ideais de que necessitará em sua profissão? A resposta é: em sua própria análise, com a qual começa a preparação para sua futura atividade [...] Todo analista deveria periodicamente – em intervalos mais ou menos de cinco anos – submeter-se à análise outra vez, sem se sentir envergonhado de dar este passo (pp. 248-249).

Outra maneira de considerar as qualidades pessoais demandadas pela técnica psicanalítica pode ser vista nas seguintes palavras de Meltzer (1967):

> O estado mental do analista é a unidade fundamental do setting, constituindo a *atitude psicanalítica*. [...] A fundamentação desta atitude deve ser a *dedicação ao método psicanalítico*. É incompatível com a concepção fundamental da transferência considerar que qualquer aspecto do benefício que o paciente recebe do analista deva surgir como uma emanação de quaisquer qualidades da pessoa do analista que não sejam suas funções analíticas, isto é, seu controle sobre o processo psicanalítico. Como corolário a esta dedicação, a atitude analítica implica um compromisso com o paciente, no sentido de fazer o melhor trabalho analítico de que é capaz. Fazer seu melhor trabalho analítico significa que o analista compromete-se a reservar um certo "tempo de vida", por um período indefinido, durante o qual ele tenta levar adiante o método psicanalítico, sem levar em conta o sacrifício de seu próprio sofrimento mental, até o limite de sua tolerância, e dentro de uma estrutura de consideração pela segurança física do paciente e pela sua própria (p. 120, grifos do autor).

A rigor, só um ego bem estruturado é capaz de suportar tantas frustrações para criar e manter o *setting* (conjunto de circunstâncias estáveis) em que a situação analítica se instala a partir do contrato inicial, e onde o processo psicanalítico se desenrola a partir do compromisso do analisando de cumprir a regra fundamental pactuada. Outros aspectos da personalidade do analista voltarão a ser examinados adiante, nos itens dedicados à transferência e à identificação.

Associação livre

Considerada a regra fundamental da psicanálise, consiste em o analisando relatar qualquer ideia que lhe ocorra, da forma mais livre possível de qualquer interferência de julgamento crítico ou censura. Esse método não tem o propósito de treinar o analisando para tornar-se espontâneo em sua conduta fora da análise. Não tem sequer a finalidade de torná-lo espontâneo no ambiente analítico, pois não se trata de liberação de comportamento, mas de ideias. O objetivo é fazer com que pensamentos surgidos de ideias associadas frouxamente facilitem a emergência de ideias inconscientes sob a forma de atos falhos e outros componentes de uma "psicopatologia da vida quotidiana", ou de ideias inconscientes que se apresentam disfarçadas de diversas formas. O pressuposto fundamental é que mesmo as ideias mais frouxamente associadas não são inteiramente livres, pois remetem a uma "representação-fim" (*Zielvorstellung*) insuspeitada. O propósito é chegar a essa representação final, que costuma estar reprimida e ligada a um sintoma.

A associação livre torna tão frouxos os liames entre as representações constitutivas dos pensamentos que adquire características semelhantes às de um sonho. Na verdade, ela é uma espécie de transição entre o pensamento de vigília e o sonho, entre o devaneio e a fantasia inconsciente. O estado mental de quem associa livremente se assemelha ao de quem, antes de dormir, pensa de modo tão solto, que mesmo depois de adormecido prossegue com os pensamentos de quando ainda mantinha consciência de vigília. Às vezes, quando uma pessoa acorda durante esse estágio inicial de sono, geralmente, por um fator externo qualquer, tem a impressão de não ter adormecido, tamanha é a certeza de que continuou com o pensamento de vigília. A associação livre está próxima a essa zona indistinta entre sono e vigília, daí ser uma espécie de sucedâneo do sonho. Essa aproximação é tão grande, que um critério seguro para saber se um

42 A ação terapêutica da psicanálise e a neurociência

analisando está fazendo uma associação livre genuína é observar sua capacidade de lembrar-se de sonhos. Mesmo que se esqueça do sonho ao acordar, durante a associação livre seu conteúdo latente certamente surge por entre as malhas soltas da associação livre. Como mostra Freud, o desejo onírico inconsciente não coincide com a expressão plástica do sonho, de modo que as associações, quando autenticamente livres, levam inelutavelmente ao conteúdo onírico latente – uma vez surgido, este faz aflorar a lembrança do sonho manifesto. Ainda que a lembrança do sonho em seu aspecto plástico não surja, ela não faz falta, pois o essencial é o conteúdo latente a que se teve acesso por meio da associação livre. Mesmo o sonho cujo aspecto plástico é lembrado em detalhes mantém secreto o conteúdo latente, que só é revelado pelas associações livres.

É bem conhecida a afirmação de Freud (1900, p. 608) de que o sonho é o caminho real para o conhecimento do inconsciente. Não podia ser diferente, pois ele é produto de um estado mental de inconsciência total. O fato de seu núcleo só ser captado por meio da associação livre mostra a essencialidade da regra fundamental para que se possam atingir os fenômenos inconscientes causadores de psicopatologias. Mas a função de acesso às representações inconscientes não é a única que deve ser atribuída à associação livre (assim como ao sonho, como será visto mais adiante). Da mesma forma que a empatia é o fator básico para a instalação da situação analítica da qual se desenrola o processo psicanalítico, a associação livre é fator facilitador não apenas da liberação de representações inconscientes (função cognitiva), mas também dos aspectos afetivos constitutivos da essência dos fenômenos mentais. Efetivamente, o afrouxamento das representações constitutivas do pensamento contribui para o afloramento de representações para as quais foram deslocadas quotas de afeto retiradas das representações reprimidas, que ficam passíveis de liberação. Desse modo, a associação livre facilita a eclosão de representações às quais estão ligados afetos das etapas mais precoces do desenvolvimento, originando os estados regressivos. Na análise, esses estados afetivos são experimentados em relação ao analista – ou seja, as quotas de afeto retiradas das representações dos objetos primitivos proibidos (reprimidas) e deslocadas para outras representações (originadoras dos sintomas) são então retiradas dos sintomas (representações substitutas dos objetos proibidos) e transferidas ao analista. Assim, a quota de afeto geradora do sintoma neurótico, ao ser transferida para a pessoa do analista, cria uma neurose de transferência. O analista pode então trabalhar a neurose transferencial no âmbito analítico, tornando real e objetivo um processo que de outra forma permaneceria na esfera subjetiva do analisando, sem possibilidade de oferecer evidência clara. Ao confrontar interpretações de fenômenos inconscientes reprimidos com o que é presenciado objetivamente no aqui e agora, o analista fica apto a demonstrar a correção de suas interpretações, na medida em que pode apontar objetivamente a conduta do analisando no *setting* (*enactment*).

Seria ótimo se a associação livre pudesse ocorrer dessa maneira ideal. Na verdade, só se pode esperar isso, assim mesmo até certo ponto, nas neuroses de defesa mais leves. Mesmo quando o analista já comprovou sua capacidade empática de modo inequívoco na análise de inúmeros casos, há egos com tantas inconsistências estruturais que não são capazes de fazer associação livre. Isso é evidente nas psicoses, em que a mente se encontra tão dissociada, que configura uma espécie de estado permanente de "associação livre", não coadunando com o método psicanalítico. Este implica associação livre sob a égide de um ego com parcela sadia o suficiente para observar-se, isto é, com capacidade de restaurar naturalmente suas partes dissociadas. Porém, como mostrou Freud, a normalidade implica distanciamento maior ou menor da parte psicótica do ego, podendo haver oscilações nesse distanciamento. Isto é, há egos não psicóticos que, às vezes, se aproximam da extremidade psicótica. Podem enquadrar-se nesses casos as personalidades narcísicas *borderline* e neuróticos graves. Mesmo egos normais podem fazer incursões nesse território nebuloso.

Assim, é grande o número de pessoas que não cumprem a regra fundamental, alguns por incapacidade total, como os psicóticos, outros por terem alterações de ego não suficientemente grandes para serem psicóticos, mas o bastante para se comportarem de modo errático na análise, fazendo associação livre muito raramente. Não se trata nesse caso das resistências comuns de neuróticos leves que não seguem a regra fundamental temporariamente, assim como passam períodos sem se lembrar de sonhos, o que constitui a média dos pacientes. Refiro-me àqueles que, de forma sistemática, deixam de associar livremente e, em consequência, também se esquecem dos sonhos ou sequer se lembram de haver sonhado. Esses são reveladores de egos que se aproximam bastante da extremidade psicótica, com tendência à impulsividade, que transforma o pensamento em descarga; ou então são egos passivos, tendentes à depressão, nos quais o sentimento de vazio impede o mundo interno de se

44   A ação terapêutica da psicanálise e a neurociência

manifestar. Geralmente são egos com severas falhas estruturais derivadas de escassas internalizações de bons objetos.

Como muitas pessoas com esse perfil, considerado anteriormente não analisável, procura a psicanálise atualmente, o método psicanalítico tornou-se progressivamente mais elástico para poder abrangê-la, pessoas cujas deficiências maiores estão radicadas no ego. A abordagem desses casos não pode ser igual à dos que apresentam sintomas neuróticos – estes, por definição, implicam egos suficientemente fortes para manterem as repressões responsáveis pelos sintomas. Por não conseguirem reprimir, os egos com falhas estruturais graves usam mecanismos de defesa mais primitivos que a repressão, geralmente direcionados não aos impulsos instintivos do id, mas à realidade externa, como divisão, negação (*Verleugnung*) e projeção. Nesse caso, ou a realidade é desconsiderada por meio de algum tipo passivo de afastamento dela, ou mediante uma atividade impulsiva geradora de conflitos constantes com os objetos. Enfim, são pessoas cujo ego não exerce adequadamente o papel de regulação interna indispensável a uma convivência social satisfatória. Por não conseguir uma eficiente regulação característica do processo secundário (pensamento), o ego permanece em parte submetido à regulação pelo processo primário (automatismo prazer-desprazer), característico da mente primitiva. Por funcionarem dessa maneira, as pessoas com transtorno narcísico de personalidade estão sempre revelando seus aspectos imaturos, ou regredidos. Em razão disso, na análise, elas regridem naturalmente, sem precisar da associação livre para induzi-las. Às vezes, rejeitam a livre associação de maneira agressiva, da mesma forma que se recusam a fazer uso do divã, instrumento técnico indispensável para que a associação possa fluir de maneira genuinamente livre. A rejeição hostil, por si, denota componentes regredidos.

Regressão

É um dos conceitos fundamentais de Freud, uma vez que para ele, patologia é a reativação de estados mentais que deviam ter sido superados e tornados inativos pelo desenvolvimento. Pressupõe que os estados primitivos não são eliminados pelos posteriores, mas apenas superados, de modo que, em circunstâncias em que os mais desenvolvidos não podem se manifestar, os primitivos podem ressurgir, mostrando-se intactos. Essa reativação ocorre diária e sistematicamente na vida normal durante os sonhos, ou ocasionalmente em vigília. Se ocorrer sistemática ou frequentemente em vigília, configura quadro patológico indicativo de que o ego não superou os estados primitivos de forma conveniente.

Desse modo, os estados regressivos na análise são fundamentais para dar acesso aos fenômenos mais primitivos ligados à patologia, na medida em que esta é uma regressão sistemática. Assim, ao contrário da patologia, a regressão no processo analítico se faz a serviço do ego, pois permite ao analista ter acesso ao mundo interno a ser transformado. Por isso, o sonho é considerado o material mais nobre da análise, por ser um fenômeno regressivo revelador dos aspectos mais primitivos da mente. Por isso, o sonho se assemelha à psicose, doença mental indicativa da mais severa forma de regressão patológica. A respeito dessa similitude, Hughlings Jackson, citado por Freud, disse: "Descubra tudo sobre os sonhos e terá encontrado tudo sobre a insanidade" (Freud, 1900, p. 569. n.2). O próprio Freud viu o sonho como o protótipo normal da psicose, sendo ambos um mesmo fenômeno psíquico, diferindo apenas o modo como se manifestam – o primeiro, quando o ego normal dorme e permite que aspectos primitivos se revelem; a segunda, quando o ego normal, mesmo acordado, não consegue impedir a ativação dos aspectos primitivos. Em uma linha idêntica àquela em que Freud baseia o conceito de regressão, Jackson, afirma: "Os sintomas mentais não são causados, são permitidos" (citado por Stengel, 1954, p. 87).

Como será mostrado adiante em detalhes, a neurociência moderna confirma a formulação freudiana, ao demonstrar que o sonho é o estado primordial da mente, que se manifesta ainda no útero. É lícito supor que por meio do sonho eventos imemoriais, como experiências sensoriais uterinas precursoras do ego corporal, podem ser captadas durante a análise. Embora essas observações não se prestem à interpretação verbal, ratificam observações de aspectos primitivos que se expressam no comportamento. A confirmação dá ao analista segurança em relação ao processo regressivo do analisando, cujo domínio influencia sua capacidade empática. A segurança do analista derivada de sua empatia costuma ser captada pelo analisando, que sinaliza sua percepção inconsciente sob a forma de confiança e ligação afetiva. Criam-se então as condições para que as experiências afetivas mais primitivas com os primeiros objetos sejam transferidas para o analista. O manejo da torrente de experiências afetivas repetidas na transferência cria o ambiente ótimo para que se efetuem as mais importantes transformações.

Transferência

É uma espécie de sinete identificador do método psicanalítico. Por meio dela, realizam-se as mais profundas reestruturações da mente, capazes de abranger o ego corporal. Inicialmente, quando a psicanálise era apenas uma "arte de interpretar", Freud considerava a transferência um fenômeno indesejável, um item do rol das resistências ao método psicanalítico, cuja regra fundamental fora estabelecida com o propósito de trazer à lembrança fatos esquecidos e reprimidos. O analista era um arqueólogo da mente, e a interpretação, o instrumento fundamental para a descoberta do passado soterrado. Supunha-se inicialmente que experiências traumáticas impedidas de ser lembradas eram as causadoras de sintomas, cumprindo desenterrá-las. Mais tarde, passou a ser dada mais importância ao trauma interno que ao externo, ou seja, impulsos instintuais censurados por instância interna repressora constituíam os fatores traumáticos mais importantes. Urgia, pois, investigar o reprimido mediante interpretação de material surgido particularmente em sonhos e associações, reveladores de fantasias inconscientes que expressam os impulsos reprimidos.

Nesse contexto rememorativo, a transferência só podia ser encarada como resistência indesejável, uma vez que, por meio dela, o paciente repetia seu passado, sob a forma de ação cuja origem desconhecia, em vez de lembrá-lo, como era esperado pelo analista. Paradoxalmente, Freud verificou que essa forma particular de resistência podia desempenhar um papel na superação das outras resistências, se sua forma positiva fosse usada como sugestão para induzir o paciente a suspender a resistência.

A superação das resistências possibilitava o surgimento de lembranças, mas isso só acontecia para eventos a partir de certa idade. O acesso às lembranças mais antigas se fazia mediante a interpretação de material inconsciente que surgia entre as malhas associativas, nos sonhos e em atos falhos. Por meio da junção de material colhido em diversos contextos, era possível fazer uma construção do passado, que às vezes provocava *insight* espontâneo no paciente, mas na maioria das vezes, tendo em vista que se tratava de material inconsciente, era recebida com descrédito; este só se desfazia pela influência do analista, quando investido da autoridade conferida pela transferência.

A construção do passado se referia não só a episódios lembráveis pelo paciente, mas muitas vezes também a fatos deduzidos, porém não passíveis de ser lembrados por terem ocorrido em épocas muito remotas. Essas interpretações costumam resultar de intuição, de modo que o analista nunca tem certeza de sua correção. A rigor, isso ocorre com as interpretações em geral, havendo a possibilidade de os *insights* do paciente serem influenciados por sugestão. A experiência mostra que até lembranças conscientes bem vivas e nítidas nem sempre são confiáveis, estando sujeitas a deformações sob a forma de lembranças encobridoras (Freud, 1899). Mesmo relatos de episódios do cotidiano recente às vezes não são confiáveis, costumando ser distorcidos por mecanismos de defesa. Assim, o analista trabalha sempre com um grau de imprecisão que o leva a ter cautela quanto a certezas muito definidas sobre o que lhe é dito.

A transferência vem em auxílio do analista na apreciação de relatos e nas interpretações feitas a partir de suas impressões desses relatos. A transferência possibilita confrontar suas impressões com o comportamento do paciente no *setting*. Como se sabe, ele tende a repetir com o analista sua conduta cotidiana com as pessoas em geral, sendo o comportamento atual, por sua vez, a repetição de situações vividas em épocas passadas, sobretudo na relação com os primeiros objetos significativos. É possível que Freud também considerasse esse fato ao falar da necessidade de transformar a neurose sintomática em "neurose de transferência" (1914a, p. 154) – esta faculta ao analista defrontar-se com a realidade do paciente refletida no processo psicanalítico, sem precisar contar exclusivamente com o que lhe é relatado. Por meio da transferência, o passado mais remoto é atuado de uma forma tal, que o analista se torna coprotagonista de uma peça cujo enredo é o passado do paciente. Só que a participação do analista implica compreender o papel que lhe é atribuído pelo paciente, sem assumi-lo na realidade. O comportamento receptivo e compreensivo, mas sem se deixar levar por sua contratransferência – isto é, não satisfazer as expectativas transferenciais do paciente –, torna-o apto a perceber o que se passa e a mostrar ao paciente no devido tempo o que é capaz de compreender. Nesse caso, a contratransferência deve ser indutora de intuição, em vez de atuação (*acting-out*) antianalítica.

Desse modo, além de possibilitar a reedição da função materna, a transferência é uma espécie de monitor pelo qual o analista observa, no aqui e agora, a conduta real do paciente, não precisando confiar plenamente em tudo que lhe é relatado sobre acontecimentos ocorridos fora do *setting*, no passado ou no presente.

Outro fator que se soma aos anteriores para dar ao analista razoável convicção sobre suas observações são os sonhos, mesmo que nem sempre possa ou deva

48　A ação terapêutica da psicanálise e a neurociência

interpretá-los. É evidente que, como tudo em psicanálise, em razão não só de lidar com o subjetivo, mas com um subjetivo inconsciente, não há garantia de que a intuição em relação a esses estados iniciais esteja correta. Sua certeza pode ser presumida pela justaposição dos diversos fatores apreendidos no processo psicanalítico, bem como pelo cotejamento com dados do desenvolvimento psíquico obtidos na observação direta de bebês.

Não parece supérfluo reiterar que esses dados só surgem no processo analítico se uma transferência positiva capacitar o analista a induzir o paciente a suspender suas resistências e a cumprir o pacto gerador da situação analítica, na qual está implícita a regra fundamental da associação livre. Por outro lado, para a transferência chegar a esse nível de colaboração, depende de o analista mostrar-se digno da confiança básica nele depositada pelo paciente. Não havendo essa confiança básica, a transferência pode sofrer distorções diversas, tornando-se sistematicamente negativa, ou indiferente, mas pode também perverter-se sob a forma de confiança cega, da natureza narcísica de um apaixonamento – este, em vez de elevar a autoestima do ego, rebaixa-a e a avilta sob a forma de dependência infantil. Não é essa a finalidade da análise. Ao contrário, o propósito de reestruturar o ego e desenvolvê-lo implica fazer da transferência um instrumento fundamental, mas que deve ser eliminado depois de cumprir sua função.

Identificação

Trata-se do conceito-chave da ação terapêutica, uma vez que é o fator estruturante fundamental. Segundo Freud (1921; 1923a), é a base da afetividade intersubjetiva; além disso, é uma forma de comunicação não verbal que não comporta palavras, como a que se dá na relação mãe-bebê.

Na prática psicanalítica, ocorre com frequência a eclosão na mente do analista de uma ideia surgida a partir de algo transmitido pelo paciente, sem que o analista tenha consciência da ligação entre o que ouviu e o que lhe foi despertado na mente. Em certas circunstâncias, essa ideia é tão intensa, que o analista se aventura a interpretar a comunicação do paciente a partir dessa intuição, sem que haja um elo associativo capaz de demonstrar racionalmente que a interpretação está correta. Frequentemente, a associação livre posterior do paciente confirma a correção da interpretação. Isso é um exemplo do que Freud chamou de comunicação direta de inconsciente a inconsciente sem passar pela consciência, à semelhança de um transmissor e um receptor (Freud, 1912, pp. 115-116; 1913b, p. 320; 1915c, p. 194). O que se passa na análise é uma comunicação não verbal, de natureza afetiva, semelhante à estabelecida entre o bebê e sua mãe.

A psicanálise fornece dados suficientes para concluir que as comunicações entre as pessoas envolvem um processo de identificação. Visto que o conceito de afeto como descarga implica sua expressão no corpo, o mundo interno adquire sensorialidade por seu intermédio, facultando sua captação por um observador externo. Este é capaz de compreender sinais do mundo interno de outra pessoa, expressos corporalmente, mediante processos de identificação com fenômenos similares que se passam no mundo interno do observador. A esse respeito, Freud chama a atenção para o fato de que a existência de um mundo subjetivo consciente em outra pessoa não pode ser observada objetivamente, sendo apenas resultado de inferência por identificação, pois cada pessoa só pode perceber sua própria subjetividade (1915c, p. 169).

Freud mostra também que a identificação é a primeira relação emocional entre duas pessoas, sendo direta e anterior à relação objetal (1921, p. 105; 1923a, p. 31). Ela se inicia quando mãe e bebê constituem uma unidade de natureza ainda biológica e se mantém depois de formada uma relação psicológica entre duas pessoas diferenciadas, isto é, uma relação propriamente objetal. A identificação primária constitui o mais básico fator da ação terapêutica da psicanálise, na medida em que permite compreender estados psíquicos primitivos derivados de representações destituídas de componente verbal. Por serem constituídas antes da verbalização, essas representações são intrinsecamente não verbais, motivo por que só podem ser captadas por sua expressão corporal como afeto, ou seja, por identificação. Esta é direta como a relação mãe-bebê, não passando pela esfera da consciência, razão pela qual não é passível de interpretação. Por isso, as interpretações não alcançam esses estados afetivos primitivos, que não são verbalizáveis. A compreensão da possibilidade de apreender estados psíquicos tão primitivos constitui o grande avanço da psicanálise, que pôde ir além da interpretação para fazer face ao desafio representado por personalidades *borderline*, como se verá adiante, quando esses estados narcísicos forem expostos.

Embora Freud tenha descrito em detalhes apenas a identificação secundária, indicações surgidas de diversos pontos de sua obra dão uma boa ideia do que ele considerava uma identificação primária. Se levarmos em conta que a identificação secundária resulta da internalização de um objeto perdido (1923a), temos que a identificação primária é a identificação propriamente dita, isto é, aquela anterior à existência de um objeto. Portanto, parece ser a que se inicia com a indiferenciação entre o bebê e o objeto, quando a criança não tem noção de si mesma e confunde o seio com sua boca (Freud, 1940a [1938]). Portanto, a identificação primária se dá em estado de indiferenciação com o objeto. A mente inicia aqui seu processo de estruturação mais fundamental e, provavelmente, menos suscetível à mudança. Mais tarde, à medida que se instala o processo de diferenciação, o objeto começa a ser percebido, assim como se desenvolve o sentido de si mesmo. O bebê passa a ter noção de sua dependência do objeto, ao qual se apega fortemente. O medo da perda, ou a perda real, do objeto leva-o a introjetá-lo e identificar-se com ele, como forma de retê-lo – esta é uma identificação secundária, que tem participação decisiva na estruturação da mente, consolidando o que se formara na fase de identificação primária.

Uma vez que estamos falando da fase de formação da mente, quando bebês dependem totalmente do objeto, a atuação inadequada do ambiente poderá ocasionar falhas importantes na mente que começa a se formar, tanto mais profundas quanto mais precoces – portanto, as mais graves são as da fase de identificação primária. As da identificação secundária geralmente também são graves, sobretudo porque se somam às preexistentes, causadas geralmente pelo mesmo objeto. Assim, os distúrbios psíquicos próprios de estágios mais avançados de desenvolvimento assentam-se sobre falhas que remontam a períodos anteriores. Esses estágios mais avançados correspondem às relações objetais posteriores, das quais o complexo de Édipo é o mais notável. Por isso, a análise que se limita a pesquisar fenômenos dessas etapas, como o edipiano, é limitada, ou, como chamei em outro lugar (Andrade, 1993), de espectro restrito, pois uma psicanálise completa, de amplo espectro, deve incluir a reestruturação de falhas estruturais primitivas.

A identificação, por dizer respeito ao ego – objetos confundidos com ele ou por ele internalizados –, é um fenômeno narcísico por definição, como será visto adiante em mais detalhes, quando for traçado um esboço da evolução do narcisismo. Por ora, limito-me a alguns aspectos ligados à identificação. Freud mostrou dois momentos no narcisismo: um primário e outro secundário. O primário se manifesta de forma absoluta no útero, ao qual há um retorno diário por meio do sono (1917a [1915]). Tem continuação pós-natal, perdurando durante a fase de indiferenciação com o objeto, em que surge o sentimento de onipotência.

Com a diferenciação, a observação de que o objeto é o detentor da onipotência, com a consequente admissão de sua impotência, leva-o a introjetar o objeto idealizado como forma de recuperar a onipotência perdida. Ao internalizar o objeto idealizado, adquire um ego ideal, com o qual recupera a onipotência perdida, sendo este um narcisismo secundário. Daí em diante, o bom desenvolvimento do ego depende da realização de tudo que o leva a aproximar-se da perfeição do ego ideal, quando a onipotência é transformada em potência; além disso, é fundamental ser correspondido no amor ao objeto (Freud, 1914c).

Desse modo, o desenvolvimento normal do ego implica satisfações no nível do narcisismo secundário, com potência em vez de onipotência, e da relação objetal, com o amar e ser amado. Falhas de desenvolvimento envolvem não apenas insatisfações na esfera do narcisismo secundário e da relação objetal, mas também má condução do processo de superação da fase de narcisismo primário, na qual a participação do objeto é crucial. Uma vez que a identificação primária inerente a essa fase implica indiferenciação do sujeito com o objeto, é esperado que a mãe tenha capacidade empática suficiente para entrar em sintonia com as necessidades do bebê, que não se comunica verbalmente nem tem noção de um objeto separado.

É importante manter essa compreensão em mente, pois, em vista de fatores provavelmente ligados ao rumo tomado pela civilização atual, a maioria dos que buscam ajuda na psicanálise atualmente apresenta distúrbios narcísicos de personalidade, isto é, possui traços significativos de narcisismo primário não superado, tendo pequena capacidade de suportar frustrações e pouca consideração pelo objeto. Nessas condições, é esperado que o analista tenha capacidade empática suficiente para tornar-se "indiferenciado" com o analisando, regredindo ao nível do estádio primitivo deste. Essa regressão se faz sob a égide do ego observador do analista, que se mantém fora do processo regressivo.

Essa talvez seja a maior exigência feita ao analista, isto é, que tenha um ego suficientemente forte e coeso para entrar em um processo de divisão, sem perder sua unidade. Nessa divisão a serviço da análise, uma parte sua regride ao encontro do ego regredido do paciente, com o qual se identifica. Esse é um tipo de identificação peculiar, pois não corresponde ao fenômeno introjetivo inerente à identificação propriamente dita. É uma identificação empática, caracterizada por uma percepção seletiva de afetos, mediante a qual entra em sintonia com o paciente de modo a poder sentir o que se passa com ele. Por meio desse processo, compreende o paciente – no sentido de entender e englobar –, sem introjetá-lo, mas, ao contrário, oferecendo-se como objeto a ser introjetado. Esse ponto de indiferenciação analista-analisando é o clímax do processo psicanalítico, por meio do qual se dá a verdadeira mudança psíquica do analisando. Este se identifica com o analista empático, introjetando-o e internalizando-o no núcleo de seu ego. Portanto, nesse momento de fusão, há dupla identificação: introjetiva do analisando e empática do analista.

Na verdade, não é só o analista que é introjetado, mas a relação em si. Esta cria um novo paradigma de relação para o paciente, cujo modelo anterior era o fornecido pelo objeto que não foi capaz de acolher adequadamente. A identificação empática do analista que possibilita esse encontro representa uma forma de doação afetiva similar à da mãe que se entrega total e prazerosamente à função de amamentação. É esse o meio pelo qual o analisando pode internalizá-lo para modificar o padrão anterior de relação, à semelhança do bebê que sorve o leite materno para nutrir-se.

Deve ser ressalvado que a referência apenas ao que se passa com o analisando não implica negligenciar o que ocorre com o analista. Presumindo que este tenha um ego suficientemente forte para dividir-se e realizar a regressão indispensável à identificação empática, ao retornar do mergulho regressivo com o conhecimento do analisando adquirido por sua compreensão empática, incorpora essa experiência afetiva à compreensão cognitiva. A adição dessa experiência ao seu acervo anterior torna-o também diferente do que era antes, tanto afetiva quanto cognitivamente, pois incorporou uma nova experiência afetiva em um grau de profundidade só possível de experimentar quando ele próprio foi analisado. Por isso, como disse em outro lugar (Andrade, 1978), a análise do analista, antes feita no divã quando era paciente, é prosseguida na poltrona que usa quando é analista, sendo aperfeiçoada a cada análise que realiza no grau de profundidade descrito.

Ao fazer a ressalva de que o analista recebe esse benefício se tiver ego suficientemente forte, quis significar que, se possuir um narcisismo primário em nível significativo, poderá perder parte da capacidade empática. Nesse caso, se regredir com o paciente poderá identificar-se simbioticamente com o narcisismo primário do analisando; ou seja, em vez de identificação empática, faz identificação introjetiva. Assim, absorve a patologia do paciente, correndo o risco de prejudicar-se em vez de beneficiar-se. Nessa circunstância, é comum o analista defender-se da regressão e permanecer em um nível superficial exclusivamente verbal-cognitivo, praticando psicanálise de espectro restrito que não produz mudança radical da mente. Freud mostrou essa possibilidade ao dizer que o analista corre o risco de adoecer pelo exercício de sua profissão, como acontece com quem trabalha com raio X, motivo por que recomendou que todo analista se submetesse periodicamente a revisões de suas análises (1937a, p. 249).

A psicanálise propriamente dita, ou de amplo espectro, distingue-se de outras modalidades terapêuticas por objetivar a modificação da estrutura psíquica mediante um novo processo de identificação primária que possibilita a superação do narcisismo também primário. Portanto, ela não se propõe somente a aliviar sintomas, quer por métodos persuasivos de cunho intelectual, quer por processos sugestivos com finalidade de mudança de comportamentos. Como foi visto, ainda que a transferência crie uma situação propícia à influência sugestiva, esta não é usada para modificar o comportamento do paciente, mas apenas para influenciar sua disposição em relação ao processo analítico, induzindo-o a seguir a regra fundamental e abandonar as resistências. A sugestão se restringe a esse passo indireto, devendo ser evitado em outras circunstâncias, até mesmo porque a finalidade da psicanálise é, como foi apontado antes, dar ao paciente independência suficiente para tomar seu próprio rumo na vida, o que implica dissolver a transferência.

Superação das resistências, interpretação, construção e esclarecimentos diversos

Deve ser esclarecido que o processo psicanalítico não se contenta em superar o narcisismo primário, apesar de ser esse o passo mais fundamental para genuína reestruturação. Como foi visto, uma vez que identificação e narcisismo primários são etapas naturais do desenvolvimento, sua não superação ocasiona desenvolvimento deficiente da fase posterior de relação objetal, da qual resultam identificação e narcisismo secundários. Dentre essas deficiências posteriores, a mais estudada tem sido a do período edipiano, cuja cardinalidade nunca é supérflua de ser lembrada. Portanto, além da reestruturação pela identificação primária, há de se pesquisar os acontecimentos do campo das relações objetais. Estes englobam a psicanálise que se notabilizou como pesquisadora do id reprimido, o qual deve ser investigado exaustivamente pelos meios verbais clássicos de pesquisa do inconsciente, com elucidações finais mediante interpretações do material reprimido e das resistências. Se na primeira fase, eminentemente não verbal, predomina o elemento afetivo (transferência-contratransferência e identificação empático-introjetiva), na segunda, o fator verbal, cognitivo, prepondera. O diálogo analítico (interpretações, construções e esclarecimentos diversos) organiza e consolida as conquistas afetivas, conferindo ao ego a mais distintiva das funções psíquicas superiores, ou seja, a regulação das emoções e sua orientação em direção à melhor qualidade de vida possível.

Apesar da importância capital desse aspecto interpretativo-cognitivo da psicanálise, sem o qual uma análise não pode ser considerada completa, ele não é abordado aqui em detalhes, porquanto tem sido tratado exaustivamente, ao longo de um século, de modo tão exclusivo, que costuma ser tido como a psicanálise em si. Portanto, nos casos clínicos relatados na segunda parte será privilegiado o aspecto afetivo, não verbal – este, apesar de subjazer a todos os processos analíticos até hoje realizados, não foi observado durante muito tempo. Mesmo quando o aspecto afetivo era levado em conta, as alusões costumavam ser feitas em termos antes fenomenológicos que metapsicológicos. Portanto, não dar maiores detalhes sobre o diálogo analítico (interpretações, construções e esclarecimentos) não significa subestimar sua importância. Ao contrário, sua relevância é transcendental. O adjetivo secundário que lhe é aplicado não significa desvalorização, mas temporalidade, isto é, sua participação efetiva acontece depois da reestruturação afetiva. É esse procedimento verbal que organiza e dá solidez à conquista do plano afetivo, conferindo-lhe constância necessária para ter efeito duradouro. Negar a essencialidade dessa etapa da análise seria deixar de reconhecer o papel decisivo da linguagem verbal para fixar o pensamento e torná-lo consciente; em outras palavras, seria uma forma de incoerência com a perspectiva freudiana de um mundo interno como quota de afeto e representação, na medida em que esta contém aquela como a linguagem verbal sustém o pensamento e o torna passível de ter qualidade de consciência. Como Freud observou, na fase de consciência sensorial primária, a mente primitiva é regulada pelo automatismo do prazer-desprazer. Para desenvolver-se, a mente tem de regular-se pelo pensamento ligado às palavras, na fase de consciência secundária.

Isso posto, o diálogo analítico de nível cognitivo e a relação empática não verbal formam os componentes diádicos de uma psicanálise de amplo espectro, assim como quota de afeto e representação são componentes indissociáveis da mente. Essa questão voltará a ser ventilada na terceira parte, em que a consciência será vista como a essência do psíquico, motivo suficiente para ser incluída em um estudo psicanalítico com ênfase na metapsicologia.

capítulo 4

A evolução da maneira de ver a ação terapêutica

Um longo percurso foi caminhado até se chegar à compreensão atual, que destaca o afeto na estruturação da mente. Além da participação da quota de afeto no núcleo da mente, que já fora mencionada teoricamente nos pródromos da psicanálise, a importância do fator afetivo na clínica é apontada de longa data. Brierley (1937), por exemplo, fez a seguinte afirmação há mais de setenta anos:

> Não tenho qualquer intenção de minimizar a importância da inteligência nos analistas, mas é vital lembrar que a análise não é um processo intelectual, mas afetivo. A análise não pode acontecer a menos que seja estabelecido entre analista e pacientes aquele misterioso contato afetivo que chamamos "rapport". Devemos interpretar afetos de maneira inteligente, mas só podemos fazer isso se conseguirmos contato direto com eles por "empatia". É apenas por empatia que podemos estar certos sobre o que o paciente está sentindo. A meu ver, a empatia, a verdadeira telepatia, é indispensável a uma boa análise (pp. 266-267).

Nesse profundo *insight* sobre a essencialidade do afeto, Brierley não conseguiu dissociá-lo da interpretação, isto é, a empatia seria um instrumento para chegar à interpretação, em vez de fator estruturante por si mesmo.

58 A ação terapêutica da psicanálise e a neurociência

Passo importante para a efetivação clínica da transcendência do fator afetivo foi dado por Winnicott e outros integrantes da escola inglesa das relações objetais, como Balint, apesar de manterem o foco na interpretação. Winnicott foi responsável pela introdução de conceitos técnicos que propiciaram um melhor entendimento da modificação da mente, como os relacionados à participação da mãe (maternagem, *holding*, mãe suficiente boa), objeto transicional, *self* falso e *self* verdadeiro. Balint mostrou as "falhas básicas" resultantes de função materna executada inadequadamente.

Kohut deu uma contribuição notável ao entendimento metapsicológico da ação do fator afetivo ao atribuir um papel intrinsecamente terapêutico à empatia, cuja faculdade de promover uma mudança psíquica independe da interpretação. Baseando suas observações em estudos do narcisismo, ele cunhou os conceitos de transferência narcísica, objeto-*self*, imago parental idealizada e internalização transmutativa, dentre outros. Procurou dotar o fenômeno afetivo, já enfatizado pelos seguidores da corrente de relação de objetos, de uma roupagem conceitual metapsicológica. Lamentavelmente, Kohut fez *tabula rasa* dos conhecimentos psicanalíticos anteriores ao pretender criar uma nova psicanálise, subestimando a importância da interpretação do reprimido e dos mecanismos de defesa como fator de organização do ego e de consolidação da reestruturação via empatia. Além disso, o uso do supérfluo conceito de *self* estrutural, ou seja, de nova estrutura metapsicológica, atropelou o conceito freudiano de ego, trazendo mais obscuridade que esclarecimento, pois continuou a usar o ego, que pertence a uma categoria conceitual diferente da de *self*. Mesmo assim, sua explicação do que se passa na mente durante o processo de "internalização transmutativa", em que a empatia é enfatizada, foi pioneira e de inestimável contribuição para a compreensão metapsicológica das entranhas da intersubjetividade. A rigor, o conceito de internalização transmutativa foi um dos mais importantes surgidos depois de Freud, na medida em que representou um passo importante na relativização do poder da interpretação. Efetivamente, a internalização transmutativa relativizou a importância da "interpretação mutativa" de Strachey (1934), até então guia insuperável para a compreensão de como a psicanálise opera por via interpretativa.

Bion concorreu decisivamente para a compreensão desse processo, não obstante também explicá-lo do ponto de vista cognitivo (interpretativo) tradicional, a partir do conceito kleiniano de identificação projetiva. Mostrou como aspectos da mente são evacuados e projetados em outra pessoa, de modo a configurar uma identificação projetiva. Em circunstâncias normais, o analista se dá conta do que lhe é transferido projetivamente, e sua compreensão do fenômeno o ajuda a interpretar o material inconsciente projetado, elaborando-o e devolvendo-o ao paciente de forma positiva. A modificação da mente é, então, causada pela reintrojeção do que foi projetado, depois de elaborado pelo analista e devolvido sob a forma de interpretação.

Assim, a mente do analista seria o continente da do paciente, criando as condições para a modificação desta última. Nisto consistiria a base da ação terapêutica, descrita como processo cognitivo. A primazia da cognição deixa de considerar o papel intrinsecamente transformador da compreensão do analista, em sua condição de continente do mundo interno do paciente, que propicia uma identificação primária direta, à semelhança de um cordão umbilical pelo qual o sangue psíquico flui naturalmente. Essa identificação, como vimos, é de natureza afetiva, não passando pela esfera verbal cognitiva. É verdade que Bion falou da necessidade de o analista possuir capacidade de *reverie*, semelhante à disposição empática materna, que teria a finalidade de captar estados primitivos, contê-los e transformá-los em conhecimento mediante interpretação, seguindo o método clássico. Falou ainda que, nesse estado, a mente do analista deve estar isenta de memória e de desejo, o que é uma forma de estar impregnado do material do paciente, ou seja, uma forma de identificação primária com este. Mas não deu à *reverie* a prerrogativa de instrumento estruturador por si próprio, ao contrário do que Kohut fez com a empatia. Ateve-se ao componente cognitivo do pensamento, deixando de levar em conta a existência de um inconsciente nuclear não passível de tradução em palavras, mas apenas de ser sentido empaticamente. Dessa maneira, foi mantida a focalização no fator interpretativo, sendo negligenciado o papel estruturador do afeto, apesar de ambos constituírem partes indissociáveis de uma psicanálise completa.

A persistência do fator cognitivo tem raízes profundas, pois surgiu no início da psicanálise e sua continuação durante mais de um século tornou a primordialidade da interpretação um truísmo, uma verdade inquestionável. A cristalização quase dogmática desse paradigma costuma anatematizar tentativas de relativizar sua importância. Em razão disso, impõe-se acompanhar de maneira mais acurada a trajetória histórica desse fenômeno, ainda que para isso tenha de retornar a fatos expostos antes, que ressurgirão em relatos clínicos mais à frente.

60 A ação terapêutica da psicanálise e a neurociência

É bem sabido que a ação terapêutica foi atribuída inicialmente à interpretação do inconsciente reprimido de modo a torná-lo consciente. Todos os princípios técnicos foram concebidos visando esse resultado final, dos quais o método da associação livre emergiu como marco fundador da psicanálise, tornando-se desde logo sua "regra fundamental". Evidências de que os sintomas não se dissolviam com o simples conhecimento de suas raízes inconscientes levaram à descoberta de resistências da própria instância repressora à liberação da quota de afeto ligada à representação reprimida.

Foi assim que se tomou conhecimento de que o paciente, mesmo querendo colaborar com o analista, lutava contra a exposição de seu inconsciente sem ter ideia de que o fazia. O fato de não ter noção de sua resistência denunciava um fenômeno inconsciente até então insuspeitado, pois era suposto que o inconsciente era material reprimido. Este, por definição, esforça-se sempre para liberar-se da repressão, sendo o sintoma resultante desse esforço contínuo. Estava-se, portanto, diante de inconsciente não reprimido; ao contrário, fazia parte da instância repressora, ou seja, do ego. Ficava patente que os mecanismos de defesa do ego, dentre os quais se inclui a repressão, se situam em uma parcela inconsciente do ego, da qual emanam movimentos contrários ao desejo consciente de colaborar com o analista. Sendo inconsciente como o reprimido, a resistência costuma assumir os mais diversos disfarces, alguns dos quais podem infernizar a vida do analista, tal o número de artimanhas que engendra para neutralizar a ação da análise. Cumpria, pois, deixar temporariamente de lado a pesquisa do inconsciente reprimido causador do sintoma para priorizar o inconsciente repressor cuja hostilidade se dirigia à análise. Foi assim que surgiu a necessidade de analisar a resistência em primeiro lugar, isto é, fazer com que o ego se tornasse consciente de sua parte inconsciente.

Mas a análise da resistência mostrou-se também de eficácia relativa: assim como acontecera com o reprimido, a conscientização da resistência inconsciente nem sempre era suficiente para eliminá-la. Ficava clara a diferença entre o componente ideativo da representação e o afetivo. O conhecimento devia ser não apenas ideativo, mas também afetivo. O que a repressão gerava era uma separação entre a representação e a quota de afeto a ela ligada. Era inócuo assimilar apenas o aspecto ideativo (representação) da interpretação, sem que a quota de afeto correspondente aflorasse. Esta costuma ser isolada pela resistência mediante o mecanismo de defesa inerente à patologia obsessiva (isolamento do afeto), mas também presente no ego medianamente normal. Por isso, Freud (1915b) mostrou que o alvo da repressão é a quota de afeto, não o componente mnêmico da representação.

Ficou transparente o papel limitado da interpretação, voltada para a esfera da cognição. Sua eficácia dependia do acréscimo do afeto suprimido. O acesso à quota de afeto isolada seria obtido de modo mais seguro com método igualmente afetivo. Foi então descoberto o instrumento que se tornou o fator essencial da técnica psicanalítica já descrita antes em detalhes, sem o qual a associação livre e a interpretação se tornam de pequena valia – a transferência. Esta veio iluminar definitivamente o modo pelo qual se efetua a ação terapêutica da psicanálise. A transferência fora antes considerada resistência perniciosa a ser abolida mediante a interpretação em razão do pressuposto de que a finalidade era lembrar o passado, em que se descobriria a origem da quota de afeto banida da consciência. Tudo que não contribuísse para a lembrança do passado era tido como resistência. A transferência era uma repetição de afetos experimentados no passado, que eram atuados em vez de lembrados. Em muitas circunstâncias, a ineficácia do método interpretativo levou Freud a se dar conta de que a transferência trazia para diante de si, imediatamente, a atmosfera afetiva inicial, embora o paciente não se apercebesse o que estava transferindo. Como já foi dito, parece que Freud nunca teve a exata noção da magnitude das consequências da descoberta de que a transferência colocava diante do analista o passado afetivo do paciente, ao vivo e em cores. Até então, em face da prioridade dada à lembrança e à interpretação, o sonho fora considerado o caminho mais nobre para o inconsciente, do qual a associação livre constituía um sucedâneo em vigília. Agora, algo novo e inesperado começara a delinear-se no horizonte: a transferência era uma espécie de sonho real, uma encenação (*enactment*) ao vivo do sonho no *setting* analítico.

Apesar de Freud aparentemente não descortinar todas as consequências de seu luminoso *insight*, ele deu mostras de entrever algumas delas. Apontou, por exemplo, o fator afetivo como decisivo na ação terapêutica ao dizer que a psicanálise deixou de ser simplesmente uma arte interpretativa e que a transferência positiva confere ao analista autoridade suficiente para influir sobre a resistência do paciente. O elemento sugestivo da transferência positiva amacia a resistência, tornando o paciente propenso não só a entender as interpretações, mas também a juntar-lhes as quotas de afeto necessárias a um verdadeiro *insight*. Esse elemento afetivo enseja a liberação da quota de afeto inacessível à interpretação, uma vez que, ao ser direcionada ao analista, se desprende da representação inconsciente a que estivera ligada. Vencidas as resistências desse modo, as interpretações do reprimido se tornam eficazes, possibilitando o esvanecimento progressivo do fenômeno transferencial, pois o processo analítico tende a tornar realista a relação entre paciente e analista, como seres adultos.

No entanto, esse processo só se mostra operativo nas neuroses de transferência, ou de defesa, em que o ego supostamente íntegro bloqueia impulsos censurados do id – estes, impedidos de seguir seu percurso natural, desviam-se para formar os sintomas neuróticos. Tudo se passa de modo diferente nas patologias narcísicas. Nestas, o próprio ego está lesado, sendo ele a sede do transtorno. Como foi visto antes, Freud viu com clareza a diferença entre as neuroses de defesa e as narcísicas, afirmando que a psicanálise era eficaz apenas nas primeiras, sendo impotente diante das segundas, que demandavam uma nova técnica.

Antes de estudar o ego, ao falar em neuroses narcísicas, Freud tinha em mente as psicoses, que seriam formas graves de neuroses. Nestas, um ego desenvolvido se defende de impulsos instintivos indesejáveis; naquelas, um ego imaturo, impotente para conter os impulsos, acolhe-os mediante automutilação conducente à negação da realidade. Depois de penetrar mais profundamente na intimidade do ego, Freud passou a considerar as neuroses narcísicas diferentes das psicoses, sendo um terceiro tipo de patologia. Nessa nova visão, a neurose resultaria de conflito entre o ego e o id; a psicose, entre o ego e a realidade; a neurose narcísica, entre o ego e o superego (Freud, 1924 [1923], p. 152). Portanto, mantinha a visão anterior de que as patologias decorrem de um conflito em que o ego se defronta com um oponente qualquer, pressupondo que ele devesse estar sempre íntegro, cenário em que uma alteração eventual derivava de um desgaste no conflito que sustentava em diversas frentes. Nesse caso, as características da patologia dependiam do grau de desenvolvimento dos mecanismos de defesa empregados no conflito.

Entretanto, em um de seus últimos trabalhos, Freud abriu amplas possibilidades de investigação ao atribuir componentes hereditários ao ego. Afirmou que, apesar de o ego ainda não existir no nascimento, está programado geneticamente para desenvolver-se em uma determinada linha (Freud, 1937a), sendo que o cumprimento do planejamento hereditário depende da participação do ambiente. Se este tiver falhas significativas, o ego se estrutura de forma lacunosa, circunstância em que ele próprio é portador da anomalia antes atribuída à sua confrontação com o id, o superego e a realidade externa. Com isso, percebe-se por que as interpretações das resistências do ego não surtiam o efeito imaginado, apesar da percepção de se tratar de um aspecto inconsciente do ego. Se fosse apenas isso, talvez as interpretações fossem produtivas. Mas os aspectos inconscientes do ego não se resumem aos mecanismos de defesa, estendendo-se a uma ampla gama de funções, como se depreende das verificações de Freud relatadas em *O ego e o id*. Acontece que esses aspectos inconscientes estão ligados a falhas constitucionais que não passam pela via cognitiva, daí só a transferência influir sobre eles, embora Freud não atentasse a isso.

A análise de patologias narcísicas, associadas à observação direta do desenvolvimento de bebês, possibilitou melhor compreensão de como se dão essas falhas estruturais, bem como a forma de atenuá-las, que envolve algo além da interpretação. Por se manterem invulneráveis à interpretação, essas patologias foram inicialmente consideradas fora do campo psicanalítico, que se voltava apenas para as neuroses de defesa, que pressupunham um ego sem essas falhas.

Contudo, um tipo particular de personalidade narcísica foi se tornando frequente, pouco a pouco, depois da Primeira Grande Guerra, avolumando-se tanto a partir da Segunda, que se tornou a demanda clínica preponderante. Diante desse predomínio, não restava alternativa senão aprofundar o estudo do ego e suas manifestações narcísicas anômalas para fazer face à nova realidade. Parecia, enfim, chegado o momento de a psicanálise dedicar-se ao que Freud chamou de "tarefa maior", diante da qual as neuroses clássicas pareceriam menores. Com efeito, assim como o estudo da histeria foi o ponto de partida para que a psicanálise surgisse como nova ciência da mente no final do século XIX, a personalidade narcísica despontou em meados do século XX como porta de entrada para a psicanálise de amplo espectro a prevalecer no século XXI.

A necessidade de compreender essa patologia ensejou mudanças profundas na psicanálise, cujas normas técnicas se pautaram até então pelo paradigma das neuroses de defesa. Apesar de sua contribuição decisiva para o estabelecimento de um novo modelo de psicanálise, não houve uma visão consensual a respeito da personalidade narcisista, havendo posições diversas correspondentes a enfoques parciais e regionais. Expressão maior de imprecisão na forma de tratar a questão é a atribuição do nome *borderline* à patologia narcísica de caráter, termo que trouxe dificuldades à compreensão do conceito. Tendo em vista que essa denominação se tornou corrente, com amplo emprego pela psiquiatria e por grande número de psicanalistas, apesar de seu uso não levar em consideração o conceito metapsicológico de narcisismo, faz-se necessário examiná-lo de um ponto de vista apropriadamente psicanalítico, antes de entrar nos aspectos clínicos demonstrativos da visão moderna da ação terapêutica, que relativiza a importância da interpretação. Uma coisa, contudo, parece ter se tornado consensual: o método interpretativo clássico não dá conta dessa patologia narcísica.

capítulo 5

O narcisismo e a chamada personalidade *borderline* – Um exame de obscuridades conceituais à luz da metapsicologia freudiana

A palavra *borderline* foi empregada inicialmente para nomear, de forma genérica e imprecisa, patologias graves não classificáveis como psicoses, que receberam também outras designações, como esquizofrenia pseudoneurótica, esquizofrenia latente, caráter psicótico. Aos poucos, tornou-se denominação de entidade clínica específica, firmando-se nessa condição, conforme Goldstein, especialmente depois que "Kernberg [...] integrou e sintetizou as primeiras contribuições, além de fornecer uma estrutura psicodinâmica unificada e abrangente para a descrição, definição e compreensão" (1985, p. 13).

Exceção no início, a quantidade de pacientes considerados *borderline* procurando tratamento psicanalítico avolumou-se notavelmente depois de algum tempo. Pode-se avaliar a magnitude da demanda por meio do modo pelo qual André Green (1977, p. 15) interpretou artigo de Knight publicado em 1953: "Assim como o histérico era o paciente típico do tempo de Freud, o *borderline* é o paciente problema de nosso tempo". Green diz não haver dúvida quanto ao protagonismo do paciente *borderline*: "O protótipo mítico do paciente de nosso tempo não é mais Édipo, mas Hamlet" (1977, p. 15). Na mesma linha, Brende e Rinsley afirmaram que "os anos 1960 podem ser chamados de *década do borderline*" (1979, p. 170, grifos do autor). A *escalada borderline* não ficou por aí: depois de ocupar a segunda metade do século passado, prenuncia consolidar-se no século XXI como marca da civilização dita pós-moderna.

Entretanto, os amplos estudos que se seguiram à compreensão da necessidade de enfrentar esse fenômeno patológico não produziram consenso sobre aspectos fundamentais. Kernberg, por exemplo, ao referir-se à expansão da literatura sobre o diagnóstico e o tratamento da síndrome *borderline*, disse-a "ainda confusa e controvertida" (1985, quarta capa). O conceito mantém-se ambíguo, a começar pela imprecisão da área fronteiriça inerente à palavra *borderline*. Por achar que a persistente obscuridade reflete o enfoque metapsicológico inadequado, tentarei clarificar o conceito à luz da metapsicologia freudiana, usando pontos de convergência entre diversos investigadores.

A condição *borderline* sem conotação de entidade clínica específica

Antes de expor o pensamento de estudiosos da organização *borderline*, cumpre mencionar autores fundamentais que não se reportaram a uma organização, referindo-se a pacientes de difícil manejo, que bordejam a psicose. Alguns deles empregaram a palavra *borderline* circunstancialmente, antes para conotar proximidade com a psicose que para distinguir entidade clínica particular, não obstante seus estudos iluminarem a compreensão da chamada síndrome *borderline*. Dentre estes, podem ser destacados:

1. Freud descreveu a personalidade frágil e as defesas primitivas do "Homem dos Lobos" sem apontar uma organização específica do ego (1918 [1914]). Catorze anos depois, outra analista disse-o possuidor de "paranoia do tipo hipocondríaco" (Brunswick, 1928, p. 467), mediante um relato em que se pode vislumbrar a personalidade narcísica que passou a ser chamada de *borderline*.

2. Winnicott notabilizou-se pelo tratamento de pacientes considerados "difíceis", dentre os quais os possuidores de "*self* falso" (1960), chamados

anteriormente personalidades *as-if* por Helen Deutsch (1942). Winnicott postulou um "espaço transicional" entre os mundos interno e externo, onde fenômenos transicionais se desenrolam, ensejando processos de simbolizações. A falha do objeto em propiciar a criação desse espaço gera área de indiferenciação entre neurose e psicose, com produção de sensações de vazio (Winnicott, 1951). Lidava tecnicamente com esses pacientes de maneira especial, objetivando preencher as lacunas deixadas pelos primeiros objetos. Por isso, Green distinguiu Winnicott como "*o analista do borderline*" (1977, p. 24, grifos do autor).

3. Os estados esquizoides relatados por Fairbairn retratam fenômenos semelhantes, descritos como originários de mecanismo de divisão em "indivíduos cujo processo de integração nunca se realizou de maneira satisfatória, tendo havido uma desintegração regressiva do ego" (Fairbairn, 1941, p. 251).

4. O mesmo pode ser dito da personalidade narcísica de Kohut (1971), cujos conceitos de objeto-*self* e imago parental idealizada são valiosos para a compreensão da condição *borderline* sob a ótica do narcisismo.

5. Bion desenvolveu boa parte de sua obra em torno de pacientes com essa estrutura psíquica. Sua descrição da "personalidade psicótica" (Bion, 1957) coincide em muito com o que é atribuído à patologia *borderline*.

A condição *borderline* como expressão de organização definida

Passo agora a fazer uma síntese do pensamento de estudiosos da organização chamada *borderline*, acrescentando comentários que servirão de introito para abordagem metapsicológica, em perspectiva freudiana.

1. Fenichel (1934) expôs o quadro clínico em 1934. Posto que não usasse o termo *borderline*, ele descreveu minuciosamente suas características:

[...] os psicanalistas são agora visitados mais frequentemente por pacientes que não têm sintomas definidos, ou para os quais seria difícil dizer por que precisam de ajuda. [...] o próprio ego é envolvido pelo processo mórbido. Indivíduos que já foram chamados de "psicopatas" ou "excêntricos" [...] pertencem a esse grupo [...] Mas [...] a designação cobre ainda casos de infantilismo completo ou incompleto, [...] de pessoas inibidas em sua vida afetiva ou em seu trabalho, indivíduos que adotam modos fúteis de conduta em assuntos vitais, outros que têm a vida prejudicada na esfera emocional ou na capacidade de tomar decisões [...] e muitos outros. Pode-se dizer dessas pessoas [...] que a própria personalidade, o modo permanente de reagir, parece irracional e inconsistente (p. 223).

Mais tarde, efetuou abrangente classificação desses quadros clínicos, particularmente o tipo esquizoide e seus diversos subtipos – paranoide, hebefrenoide, catatonoide, *as-if* etc. –, chamados *borderline*, em que o narcisismo é predominante (Fenichel, 1945, pp. 443-446).

2. Stern foi provavelmente o primeiro psicanalista a nomear *borderline* a entidade clínica. Descreveu meticulosamente um grupo de pacientes capazes de tornarem-se transitoriamente neuróticos e psicóticos, para os quais o método psicanalítico era ineficaz. Embora lhes atribuísse "caráter neurótico" (grifos do autor), não chamava a patologia de *neurose de caráter*, mas de *neurose borderline* (1938, p. 467). Parecia considerar a neurose de caráter mais próxima da neurose sintomática, estando a "neurose *borderline*" no limiar da psicose. Os *borderline* apresentavam: narcisismo; incapacidade de recuperação após situações negativas; hipersensibilidade; reações terapêuticas negativas; sentimentos de inferioridade possivelmente constitucionais; masoquismo; ansiedade exacerbada; mecanismos projetivos; teste de realidade deficiente (p. 468).

   Empregando indistintamente os termos "neurose *borderline*", "neurose narcísica" e "caráter narcísico", o autor recomendava investigar primordialmente distúrbios no desenvolvimento do narcisismo: os transtornos narcísicos estariam para as patologias *borderline* como os distúrbios sexuais para as neuroses sintomáticas. Apontava a falta de sensibilidade materna como elemento central – frequentemente as figuras parentais eram gravemente neuróticas ou francamente psicóticas; às vezes dedicavam muita atenção às necessidades físicas, "mas lhes faltava uma capacidade saudável de afeição espontânea" (p. 469). "Por causa dessas experiências, este grupo nunca desenvolve o sentimento de segurança que uma pessoa amada adquire. [...] Estes pacientes sofrem de subnutrição afetiva (narcísica)". Entretanto, admitia um fator constitucional interagindo com o ambiental (p. 470).

Recomendava modificar a conduta analítica tradicional, pois o ego *borderline* não consegue elaborar interpretações, nem fazer associação livre. Sua pequena capacidade afetiva requer do analista limitar-se à atitude de escuta compreensiva até que o ego se desenvolva ao nível do trabalho analítico interpretativo. A manifestação de afeto na transferência, surgida após desenvolvimento do ego, é uma conquista fundamental, pois inicialmente o narcisismo leva ao embotamento afetivo (pp. 479-487). Atribuiu a debilidade do ego não necessariamente a experiências traumáticas diretas, mas a um ambiente genérica e cumulativamente negativo, sem proteção afetiva adequada (1945; 1948). Stern ressaltou a essencialidade da empatia nesses casos: "Ao decidir tratar um paciente *borderline*, o analista deve estar disposto [...] a aceitar um papel de ama-seca" (1957, p. 349).

3. Ekstein e Wallerstein (1954) falam da volubilidade estrutural desses pacientes, aparentando possuir ego integrado, que usa defesas neuróticas:

[...] subitamente, e sem estímulos claramente perceptíveis, pode ocorrer uma mudança dramática: as defesas neuróticas se desmoronam abruptamente; e os mecanismos do processo primário e as defesas psicóticas irrompem. Estas retrocedem também rapidamente, e as defesas neuróticas, ou, talvez mais apropriadamente, as defesas pseudoneuróticas, reaparecem (p. 345).

Descrevem-nos como imprevisíveis, mas ao mesmo tempo previsíveis em sua imprevisibilidade.

4. Para caracterizar uma diferença da psicose, Rosenfeld sustenta que o *borderline* distingue sujeito e objeto, mantendo o teste de realidade preservado, o que pode desaparecer durante irrupções psicóticas (1978, p. 216). No entanto, há uma estrutura defensiva contra a psicose. Assim se expressa Rosenfeld (1978):

Encontramos em muitos pacientes *borderline* resistências duradouras e reações terapêuticas negativas devidas a uma organização narcisista formada em torno de um *self* onipotente e destrutivo altamente idealizado. [...] Estes estados *borderline* têm muitas características em comum com a psicose, mas no *borderline* psicótico os aspectos delirantes onipotentes são cuidadosamente escondidos em situações de realidade para impedir que a loucura seja conhecida. É este processo defensivo [...] que parece dar ao paciente *borderline* alguma estabilidade, mas impede qualquer mudança. [...] Em alguns destes pacientes os fatores traumáticos eram mínimos, mas qualquer falha insignificante na relação mãe-bebê era grandemente aumentada pela onipotência destrutiva do paciente. [...] a cobiça e a inveja fizeram estes pacientes transformarem uma mãe fundamentalmente compreensiva em outra que destrói a ligação mãe-bebê positiva (p. 218).

Ele considera a "psicose transferencial" a chave da compreensão da gênese da patologia, porquanto projeta o superego primitivo no analista. Pensando em sintonia com Bion, para Rosenfeld a analisabilidade depende de o analista ser capaz de absorver e metabolizar as projeções, possibilitando que sejam reintrojetadas adequadamente. A atitude do analista difere daquela do objeto original, que não absorveu a agressividade do bebê, surgida como reação a frustrações insuportáveis. Continua Rosenfeld (1978):

> Quando a mãe falha em sua função materna de introjetar a projeção da criança, a mente desta não pode desenvolver-se, sendo esta a situação que está relacionada com o desenvolvimento de um superego muito primitivo, construído sobre a falha materna em introjetar o grito de socorro urgente (p. 218). [...] O superego parece ter-se desenvolvido em resposta a privações duradouras, particularmente fome e separações [...] A psicose transferencial não somente repete experiências de frustração de forma dramática, mas expressa claramente um desejo urgente de encontrar uma solução melhor para problemas infantis com um novo objeto, o analista (p. 221).

Em suma, Rosenfeld associa a condição *borderline* a uma "organização narcisista".

5. Para Mahler, a difusão da identidade no *borderline* reflete a inadequação da relação mãe-bebê na segunda subfase (*reaproximação*) do processo de separação-individuação, dos quinze aos vinte e cinco meses de vida, em que o ego está a caminho da plena integração. Na primeira subfase (*ensaio*), entre dez e quinze meses, o bebê começara a ter movimentos de separação que culminam na aquisição da posição ereta, a verdadeira "experiência do nascimento psicológico" (1971, p. 409). Naquele período, o bebê "alcança o primeiro nível de identidade, o de uma entidade individual separada", havendo nítidos momentos de afastamento da mãe – esta pode ser repudiada se tentar impedir os movimentos de autonomia (pp. 410-411).

A segunda subfase caracteriza-se pela reaproximação da mãe, mas com apego diferente daquele da fase simbiótica, antecessora da primeira subfase de separação-individuação. Nesse retorno, o ego razoavelmente integrado faz distinção entre as representações do *self* e do objeto. O júbilo experimentado no ensaio de separação requer que, na reaproximação, a mãe compreenda a necessidade de autonomia justaposta à dependência. A ansiedade na segunda subfase deriva do receio de que o apego na reaproximação seja interpretado como igual ao da dependência simbiótica. Assim como o nascimento biológico significa não retorno ao útero, o "nascimento psicológico" da primeira subfase indica não retorno à dependência simbiótica.

Na reaproximação, a mãe representa segurança e ameaça, conflito cuja superação pelo bebê depende da capacidade empática materna. Segurança, porquanto o bebê continua a depender dela para sobreviver; ameaça, pelo temor de a dependência modificada pela subfase de ensaio ser confundida com a simbiótica, dificultando impulsos para a independência. "A autonomia é defendida pelo 'não' sistemático, bem como pelo aumento da agressão e da oposição característica da fase anal" (Mahler, 1971, p. 411). A mãe narcísica reage a esses movimentos com sentimento de rejeição; vê o filho como extensão de si mesma, valendo-se da reaproximação para reviver a simbiose e recuperar-se do golpe narcísico sofrido com o ensaio de autonomia. A necessidade de desenvolvimento contrastada com o desejo materno de preservar a simbiose costuma originar ambivalência estrutural, facilitadora da consolidação de defesas primitivas.

Mahler e Kaplan assinalam que a constância das imagens de si mesmo e do objeto surge no fim da subfase de reaproximação, havendo a noção de identidade e alteridade indispensável às relações objetais definidas. Essa aquisição é imprescindível ao estabelecimento da relação triangular edipiana e à formação definitiva da estrutura psíquica mediante a diferenciação do superego, implicando "relações objetais plenas catexizadas com libido e agressão neutralizadas" (Mahler & Kaplan, 1977, p. 72).

As autoras não distinguem conceitualmente a personalidade *borderline* da narcísica. Embora se refiram às duas como distintas, a onipresença do narcisismo em seu estudo leva a presumir que se referiram ao mesmo conceito.

6. Kernberg delimitou o campo psicanalítico de estudo da condição *borderline* ao atribuir-lhe organização estável, cujas etapas de estruturação rastreou psicanaliticamente. A organização *borderline* por ele conceituada

abrange uma ampla gama de transtornos de personalidade, ao contrário do critério redutivo adotado pela psiquiatria norte-americana, adotada por muitos psicanalistas com formação psiquiátrica, que alinha o transtorno *borderline* ao lado de outras nove patologias de personalidade, baseando-se em descrição de comportamentos. A ideia de organização *borderline* é um meio-termo entre a visão psiquiátrica restrita e a não delimitada e não estrutural de muitos psicanalistas. Segundo o autor, é "uma posição intermediária que considera a organização *borderline* da personalidade uma entidade diagnóstica psicoestrutural onde convergem predisposições genéticas e psicodinâmicas, bem como disposições de temperamento" (1984, p. 91).

Para situar a organização *borderline*, Kernberg (1977) classificou os transtornos mentais em quatro grupos:

- neuroses: (a) neuroses sintomáticas; (b) neuroses de caráter;
- psicoses funcionais;
- condições *borderline*;
- síndromes orgânicas.

As condições *borderline* ocupam uma larga faixa no diagrama dessa classificação, entre as neuroses e as psicoses funcionais (1977, p. 97).

Mais tarde (1984, p. 93), ele ratificou uma classificação anterior (1967; 1970), em que estabelecia três graus de patologias de caráter:

- Elevado: neuroses de caráter (personalidades histéricas, obsessivo-compulsivas e depressivo-masoquistas).
- Intermediário: personalidades narcísicas com melhor funcionamento, algumas personalidades infantis e as passivo-agressivas.
- Baixo: organização *borderline* de personalidade, que engloba a maioria dos casos de personalidades infantis e narcísicas, as esquizoides, paranoides e hipomaníacas, bem como as *as-if* e todas as antissociais.

Cabem duas observações sobre a última classificação: (1) as patologias de caráter foram agrupadas em uma categoria específica, com a aparente retirada das neuroses de caráter do grupo das neuroses; assim, este último restringiu-se às neuroses sintomáticas. Embora o autor não deixasse explícita essa nova classificação, a colocação das patologias de caráter em uma categoria própria, diferente das neuroses sintomáticas e das psicoses funcionais, facilita a compreensão metapsicológica, como será visto adiante, quando for examinado o conceito de caráter; (2) certa imprecisão sobre o conceito de narcisismo dificulta a compreensão da condição *borderline*, pois, em um momento, a personalidade narcísica surge entre as patologias intermediárias e, em outro, como parte da personalidade *borderline*, o que parece inadequado do ponto de vista metapsicológico, como também será discutido mais tarde, no exame do conceito de narcisismo.

Além de minuciosa listagem de manifestações clínicas, Kernberg descreve, dentre outras, as seguintes características gerais da organização *borderline*:

- Síndrome de difusão da identidade: "Clinicamente, a difusão da identidade é representada pela deficiente noção da integração do *self* e de outros significativos. Isto se reflete na experiência subjetiva de vazio crônico, percepções contraditórias de si mesmo [...] e percepções superficiais e empobrecidas dos outros" (Kernberg, 1977, p. 103). A integração deficiente não corresponde à falta de noção de separação entre sujeito e objeto, isto é, não se trata de uma indiferenciação de natureza simbiótica. Ao contrário, há uma delimitação das representações de si mesmo e do objeto. O que há de fato é uma negação da diferença entre sujeito e objeto (Kernberg, 1984, p. 43; p. 251). Mecanismos de defesa: a divisão é o fator defensivo por excelência; tem a finalidade de proteger as partes boas das partes más, tanto das representações de si mesmo quanto do objeto, dos impulsos agressivos. É o elemento básico de formação da organização *borderline*, como a repressão e a formação reativa o são para a formação do caráter neurótico. Outras defesas características são negação e projeção, que contribuem para o enfraquecimento do ego.

- Onipotência e desvalorização: "São derivativos de operações de divisão afetando as representações do *self* e do objeto e são representadas tipicamente pela ativação dos estados do ego que refletem um *self* altamente inflado, grandioso, onipotente em relação às representações desvalorizadas e emocionalmente destruídas dos outros" (Kernberg, 1984, p. 110).

- Fraqueza do ego: relacionada a defesas primitivas, apresentando deficiência na tolerância à ansiedade, no controle dos impulsos e na capacidade de sublimação.

Aspectos conceituais

Como se observa, a condição *borderline* é consensualmente associada ao narcisismo, sem que a ligação seja explicitada de forma convincente. A atribuição de características distintas às personalidades narcísica e *borderline* me parece configurar um critério conceitual impreciso, que justificaria por si só uma apreciação metapsicológica. Todavia, um exame metapsicológico requer esclarecer preliminarmente alguns conceitos.

Personalidade e caráter

Personalidade, por exemplo, é uma palavra de uso genérico, não sendo um conceito propriamente psicanalítico. O termo equivalente que recebeu tratamento metapsicológico foi "caráter", empregado por Freud inicialmente para denominar a forma como o ego emprega mecanismos de defesa de forma sintônica com os impulsos instintivos: "Os traços de caráter permanentes são ou prolongamentos inalterados dos instintos originais, ou sublimação desses instintos, ou formações reativas contra os mesmos" (Freud, 1908, p. 175). Com esse sentido, surgiram os primeiros relatos de formação do caráter, particularmente do anal, com seus traços clássicos de ordem, parcimônia e obstinação demonstrados clinicamente (Freud, 1917c; 1918 [1914]). Mas o conceito não se restringia às vicissitudes dos impulsos instintivos: as identificações com objetos eram decisivas na formação do caráter (1923a); ademais, ao atribuir as resistências ao caráter, Freud (1916) *ipso facto* o igualara ao ego.

Após contribuições de diversos autores, Fenichel (1945) estabeleceu contornos definitivos:

> O caráter é constituído pelos modos habituais de ajustamento do ego ao mundo externo, ao id e ao superego, e pelos tipos característicos de combinação desses modos um com o outro. Consequentemente, os transtornos de caráter são limitações patológicas na forma de tratar o mundo externo, os impulsos instintivos internos e as demandas do superego, ou distúrbios nos modos pelos quais essas diversas tarefas são combinadas (p. 467).

Mostrou que a estabilidade do caráter depende: (1) da constituição hereditária do ego; (2) da natureza dos impulsos instintivos contra os quais são usadas as defesas; (3) do mundo exterior responsável pela atitude a ser adotada (Fenichel, 1945, p. 468).

Iluminando o que Freud mostrara de forma bruxuleante, Fenichel equacionou o caráter com o ego: "Esta descrição do *caráter* é aproximadamente igual à descrição que fizemos do *ego*" (1945, p. 467, grifos do autor). Ainda de acordo com Fenichel (1934):

[...] a ciência do caráter e a psicologia do ego parecem ser nomes da mesma coisa – que teria como seu problema fundamental a questão de quando e como o ego adquire aquelas qualidades pelas quais ele se ajusta aos instintos e ao mundo externo, e mais tarde ao superego (p. 225).

O caráter não é, pois, apenas a cristalização ego-sintônica de defesas estratificadas, como costuma ser entendido, sobretudo depois que Reich descreveu a "couraça caracterológica" (1931, p. 454). Mais que isso, é uma organização que confere identidade ao ego: ao perceber essa organização, o ego reconhece a si mesmo como individualidade autônoma detentora de uma personalidade. Nesse sentido, a patologia de caráter significa um distúrbio intrínseco do ego, ao contrário da neurose e da psicose, resultantes de conflitos do ego com outras instâncias ou com a realidade externa. Na neurose, o ego integrado usa defesas desenvolvidas para interditar desejos do id, a fim de preservar sua relação com a realidade. Na psicose, o ego desintegrado não consegue opor-se aos desejos do id, tendo de antagonizar a realidade ou o superego, empregando defesas primitivas automutiladoras que produzem sintomas expressivos de satisfações do id, em detrimento da realidade. Portanto, neurose e psicose são processos *interestruturais*; enquanto o transtorno de caráter é *intraestrutural*.

A diferença entre conflitos interestruturais (neuroses e psicoses) e processos intraestruturais (transtornos de caráter) traz esclarecimentos para a imprecisão contida no termo *borderline*, pois dirige o foco para a intimidade do ego, seu caráter, expressão do que Hartmann chamou de esfera livre de conflito (1958 [1939]) e autonomia primária e secundária (1950). No caráter normal, as defesas são usadas a serviço do ego, e não contra o id; são ego-sintônicas em vez de conflituosas – a sintonia reflete harmonia com id, superego e realidade externa (Fenichel, 1945, p. 523).

Transtorno de caráter expressa falha na incorporação de defesas à esfera livre de conflito do ego. No caráter neurótico, o ego íntegro usa defesas desenvolvidas – a anomalia manifesta-se como exagero de traços normais. No caráter *borderline*, o ego débil, embora use defesas primitivas, consegue organizar-se de modo a incorporá-las e manter traço de caráter reconhecível, processo impeditivo da imersão na psicose. Ao manter-se organizado, livra-se da psicose – a eventual entrada nesta é transitória, sendo revertida pela organização caracterológica. A psicose sobrevém quando, em razão de acentuada fragilidade, as defesas primitivas se desprendem da organização caracterológica, havendo desintegração duradoura do ego – as defesas, em vez de servi-lo, passam a beneficiar o id, contra a realidade.

Assim, psicose implica dirupção do caráter, daí não haver fundamentação metapsicológica para o conceito de *caráter psicótico* – psicose é desintegração e desorganização; caráter pressupõe integração e organização, ainda que frágil. Mantida a estrutura caracterológica, a labilidade típica do *borderline* possibilita a entrada provisória na psicose, na neurose (sintomática e de caráter) e na perversão polimórfica. Essa peculiaridade tem levado à consideração da condição *borderline* como organização histérica, observação metapsicologicamente improcedente, pois o caráter histérico, por ser neurótico, requer ego íntegro. Ao contrário do histérico, o *borderline* não assume as diversas modalidades patológicas por imitação, simulação, ou identificação superficial, mas por inconsistência estrutural genuína, que o leva à aquisição de habilidade para manter-se em equilíbrio, embora instável, em superfície sempre escorregadia.

Metapsicologia

Ainda no terreno dos esclarecimentos definitórios, não me parece supérfluo acrescentar que a metapsicologia é aqui entendida no sentido freudiano original de confluência de fatores topográficos, dinâmicos e econômicos (Freud, 1915c, p. 181). No aspecto topográfico, a mente é constituída por três estruturas: ego, id e superego, que podem ser consciente, pré-consciente ou inconsciente. Nesse cenário, além de não haver lugar para um *self* estrutural, os termos personalidade e identidade têm sentido descritivo, inserindo-se metapsicologicamente como equivalentes ao caráter do ego.

Feitas essas considerações, a condição *borderline* e o narcisismo podem ser examinados sob a ótica metapsicológica.

Narcisismo, ego, *self* e objeto

A despeito de o narcisismo ser apontado consensualmente como núcleo germinativo da condição *borderline*, as menções a ele não são uniformes, nem parecem orientadas pelo conceito freudiano genuíno. Kernberg, por exemplo, principal referência no campo, não citou uma vez sequer, no mais seminal de seus artigos (1967), nenhum texto de Freud sobre o narcisismo. Na verdade, Freud não expôs uma visão integrada do narcisismo, limitando-se à introdução inicial e inserções em contextos diversos. Entretanto, a articulação de diferentes textos (Freud, 1900, pp. 550-587; 1914c; 1915a, p. 134; 1915b; 1916/1917; 1917a [1915]; 1917b [1915]; 1921; 1923a; 1924 [1923]; 1926 [1925]); 1937a; 1940a [1938]) enseja um entendimento amplo do narcisismo capaz de abranger, harmonizar e adequar as exposições restritas dos diversos teóricos da condição *borderline*. Deve ser observado que nenhum desses textos isoladamente contém a visão de conjunto exposta a seguir – esta só é possível em uma perspectiva evolutiva em que ideias posteriores expostas fragmentariamente complementam ou dão sentido a outras anteriores, apresentadas de maneira indefinida ou inconclusiva. Registre-se ainda que essa articulação se coaduna com conhecimentos obtidos na observação direta de bebês conduzida por investigadores de diferentes correntes psicanalíticas, além de harmonizar-se com estudos clínicos da mente primitiva realizados por Klein e pelas escolas das relações objetais e das psicologias do ego e do *self*. Por outro lado, não se pode perder de vista que qualquer descrição esquemática, ao compactar o que se passa em dimensão real quase infinita, deixa de lado incontáveis ocorrências em torno do eixo central.

No estudo introdutório do conceito, o narcisismo foi apresentado como complemento libidinal (sexual) do instinto de autopreservação (não sexual) do ego. Sendo complemento, só existiria após a formação do ego – antes disso, haveria autoerotismo em vez de narcisismo, conceito que diz respeito à alocação da libido no ego (Freud, 1914c, pp. 76-77). Porém, essa ideia era contraditada pela afirmação de que o autoerotismo é narcisismo primário (Freud, 1915a, p. 134). A ambiguidade derivava provavelmente da falta de clareza sobre a natureza do ego nessa época, fato que se modificaria com a delineação de uma instância metapsicológica definida (Freud, 1923a). A questão adquiriu maior clareza quando foi postulada uma fase em que não há ego nem id, mas um conjunto indiferenciado ego-id, matriz comum da qual ego e id se diferenciam posteriormente (Freud, 1937a, p. 240; 1940a [1938], p.149). O autoerotismo constituiria o narcisismo primário correspondente à localização de libido na parte ego do conjunto indiferenciado primordial, entendimento que explica o narcisismo intrauterino revivido durante o sono (Freud, 1917a [1915]).

78 A ação terapêutica da psicanálise e a neurociência

O narcisismo é, portanto, uma etapa do desenvolvimento da libido – localizada inicialmente no ego-id, uma parte retrátil é dirigida depois ao objeto por mediação do ego. Na perspectiva metapsicológica, não cabe discutir se a libido encontra-se no ego ou no *self*, já que o conceito de *self* estrutural não figura no campo freudiano – a rigor, é incompatível com a metapsicologia. Como se infere da exposição de Hartmann (1950), introdutor do conceito de *self* na psicanálise, este pertence à mesma categoria conceitual que objeto, isto é, há uma representação do objeto, assim com há uma representação do *self*. Essas representações se dão na instância ego, que é da mesma categoria conceitual que id e superego. Assim como a representação do objeto não é uma estrutura metapsicológica, a representação do *self* também não o é. Na neurose, segundo Freud, a libido retirada da representação do objeto não retorna ao ego, sendo ligada a um substituto do objeto, isto é, a outra representação objetal. Se, em vez disso, ela é retirada radicalmente da representação do objeto, sendo aplicada na representação do sujeito, ocorre a psicose (1914c, p. 74). Topograficamente, a libido retornou ao ego, que é a sede da representação do sujeito. Nesse caso, *self*, personalidade, identidade, são formas pela qual o ego percebe sua maneira de ser. Do ponto de vista econômico, a libido aplicada na representação do objeto deixou de ser do ego, enquanto a colocada na representação do sujeito continua pertencendo ao ego.

Em suma, o narcisismo é o conceito relacionado à alocação de energia psíquica na representação do próprio sujeito (*self*), localizada no ego; sua contrapartida é a relação objetal – libido aplicada na representação do objeto, também situada no ego. A confusão sugerida pelo fato de ambas as representações ocorrerem no ego (instância topográfica) se desvanece se for levado em conta o fator econômico-dinâmico – apesar de a representação do objeto estar no ego, não se confunde com este, como acontece com a representação do sujeito (*self*), fato esclarecedor da diferença entre instância e representação. Nessa perspectiva, a libido narcísica abrange os três vértices metapsicológicos: topográfico, econômico e dinâmico; a objetal, apenas dois: dinâmico e econômico.

Uma vez que a distinção entre as representações do sujeito (*self*) e do objeto, apesar de existente, é posta em xeque de modo sistemático pela mente *borderline*, examinar metapsicologicamente essa condição implica rastrear o desenvolvimento da libido, na passagem do modo narcísico para o objetal. Esse rastreamento implica recapitular estados mentais primitivos já descritos antes quando foi exposta a estruturação da mente como afeto e representação, sendo esses estados examinados agora em função de vicissitudes da libido em suas condições narcísica e objetal.

Do narcisismo primário ao secundário; do ego original ao ego ideal

Retomando o que foi exposto anteriormente, para agora acompanhar o desenvolvimento do narcisismo, temos que este se encontra em seu estágio primário mais completo no útero. Como foi visto, o estado de repouso libidinal absoluto é abalado pelo nascimento, suscitador de múltiplas necessidades, das quais respirar é a crucial. As sensações surgidas em todo o corpo rompem a quietude nirvânica da libido, que é deslocada abruptamente para os locais onde ocorrem sensações. O abalo sísmico provocado na economia libidinal é neutralizado em parte pela respiração; igualmente, o acolhimento do corpo pelo objeto restabelece o equilíbrio econômico. A acalmia vigora até surgir nova necessidade, geralmente a de nutrição, quando a economia libidinal se convulsiona novamente. A sucessão de abalos e recomposições econômicas cria um padrão de constância que confere ao bebê certa capacidade de domínio da alternância de diferentes estados libidinais. Se o objeto neutralizar adequadamente os sucessivos abalos, não há diferença econômica relevante entre os estados intra e extrauterino, de modo que o bebê não tem noção de estar no mundo com um objeto, sendo este vivenciado como uma parte de si mesmo; em termos estruturais, ego e id são indiferenciados, formando o ego-id.

Pari passu com a maturação biológica, os traços mnêmicos das sucessivas sensações corporais constituem representações formadoras do psiquismo, propiciando diferenciação progressiva entre ego e id, com a aquisição simultânea da noção de um objeto separado do bebê, bem como das consequências disso em termos de ansiedade de separação. Antes da noção plena da diferenciação do objeto, a sensação de autossuficiência torna a criança onipotente – de início, por ver-se fazendo parte do objeto; depois, por imaginar que o objeto, percebido como separado, vive para servi-lo. Passa-se algum tempo até verificar que o objeto é o verdadeiro detentor da onipotência. Como Freud salientou, ninguém abre mão de uma satisfação facilmente, de modo que, para recuperar a onipotência perdida, a criança introjeta o objeto, identificando-se com ele. Se na fase de indiferenciação estava identificado primariamente com o objeto, ao introjetá-lo, identifica-se secundariamente com ele; se antes havia um narcisismo primário, agora há um narcisismo secundário – este implica um objeto incorporado ao ego.

A onipotência é recuperada, mas agora com novo desenho da mente. A identificação primária presumia ignorância do objeto; a secundária implica identificação com um objeto diferenciado e idealizado. Para recuperar a onipotência perdida, a criança introduziu o objeto no ego, que se tornou duplo: o ego original e o ego ideal (objeto internalizado). Os dois coexistem de maneira peculiar, pois o ego ideal torna-se um modelo para o original. Tendo este perdido a onipotência primitiva, o ego ideal passa a constituir a fonte de autoestima, motivo por que o original se pauta pelo ideal. O primeiro almeja ser igual ao segundo e ser aprovado por ele: o ego ideal torna-se o ideal do ego original, aquilo que este deseja ser – em suma, um "superego".

Segundo Freud (1914c), o tamanho do ego (original) é medido por sua autoestima. Suas realizações efetivas o aproximam do ideal, transformando a onipotência primitiva em potência real. A força do ego original depende das realizações que o aproximam do ideal, cumprindo ao objeto propiciar as melhores condições para isso. Se tudo ocorrer otimamente, o ego original aproxima-se do ideal, ao mesmo tempo que dirige a libido ao objeto capaz de recebê-la e retribuir com sua própria libido.

Falha nesse processo torna o ego original muito distante do ideal, tendo a autoestima rebaixada. Para elevá-la novamente, reativa a onipotência primitiva mediante fusão regressiva com o ideal, retornando à identificação primária, sem noção clara do objeto. Freud (1914c, p. 100) mostra que o ego obtém autoestima de três fontes: (1) de resíduos da onipotência primitiva; (2) das realizações, que o aproximam do ideal; (3) de ser correspondido pelo amor do objeto. Portanto, as duas últimas provêm do narcisismo secundário; a primeira, do narcisismo primário. Assim, não havendo desenvolvimento natural, a fase anterior de onipotência é exacerbada, com o ego desmedidamente inflado, esquema cuja falha resulta em rebaixamento excessivo da autoestima.

Ressalve-se que o ego ideal freudiano, apesar de resultante de internalização do objeto, não é o mesmo que objeto interno – é uma nova estrutura psíquica, núcleo do narcisismo secundário. Estando a noção do objeto implícita no conceito de narcisismo secundário, as realizações efetivas levadas a cabo pelo ego aumentam sua autoestima em razão de aproximá-lo do ideal, fato que envolve reabsorção da libido narcísica depositada no objeto internalizado – este parece ser o mecanismo por excelência de suprimento da energia dessexualizada e ligada que lhe é própria.

Narcisismo secundário, relação objetal, consciência e linguagem verbal

O narcisismo secundário, por originar-se da internalização do objeto, reflete uma relação objetal interna entre o ego original e o ego ideal. Uma vez que a autoestima provém de realizações que aproximam o ego de seu ideal, a boa relação interna entre os dois egos depende do estabelecimento de uma boa relação com os objetos, que possibilitam a efetuação de realizações concretas. Portanto, o narcisismo secundário deve estabelecer um equilíbrio ótimo com a libido objetal, condição indispensável para a harmonia entre ego, id e superego. Se isso não ocorrer, surgem anomalias proporcionais ao grau de não realização desse esquema, que incluem a noção difusa da identidade, característica da síndrome *borderline*.

Consequentemente, a condição *borderline* reflete desequilíbrio entre narcisismo e relação objetal, surgido provavelmente no período que vai da perda da onipotência do narcisismo primário à tentativa de recuperá-la mediante narcisismo secundário. Algo deve impedir o ego de fazer adequadamente a passagem do narcisismo primário ao secundário, que enseja a instituição de três estruturas harmônicas. No desenvolvimento natural, além de relacionar-se com o id e o superego (instâncias internas), o ego tem a prerrogativa de estabelecer contato com o mundo externo. Essa singularidade faz dele uma instância bifronte: além de ter consciência dos próprios afetos e pensamentos, percebe o mundo externo; cria, portanto, representações do mundo interno e do externo. A difusão da identidade implica, sobretudo, um distúrbio dessa faculdade do ego de percepção e consciência de dois mundos distintos.

Releva compreender o processo de aquisição da autoconsciência do ego para tentar detectar a origem da deficiente noção de si mesmo do *borderline*. Para isso, é mister levar em conta a definição de Freud de que a consciência é um órgão sensorial para a apreensão de qualidades psíquicas, assunto a ser exposto novamente na terceira parte, em outra perspectiva. Freud mostrou que o aparelho psíquico percebe fenômenos de duas direções: das terminações nervosas na periferia do aparelho psíquico, sobretudo as sensações corporais de prazer e desprazer, e do interior do aparelho (pensamento). Inicialmente, só há percepção de eventos da periferia, notadamente corporais, de modo que o aparelho nessa fase é regulado pelo princípio do prazer-desprazer, só (re) agindo em presença dessas sensações. Para funcionar mais eficazmente, é preciso evitar que o aparelho entre em ação apenas em face de situações de desprazer. Em consequência, o processo primário de pensamento é substituído pelo secundário, mediante a associação de representações em lugar de descarga de afetos. Consoante essa postulação, o processo secundário inicialmente não é percebido pela consciência – o pensamento torna-se consciente só após ligar-se a traços mnêmicos verbais (Freud, 1900, p. 574). Depois de repetir múltiplas e sucessivas vezes a fala do objeto, a criança adquire noção da própria fala, de seu pensamento, de si mesma, até, finalmente, capacitar-se a usar o pronome "eu" para referir-se a si própria.

A aquisição da linguagem verbal é, assim, o ápice do desenvolvimento do pensamento. São comuns as referências a transtornos (não psicóticos) de pensamento nos pacientes *borderline*, como dificuldade de acompanhar raciocínio abstrato e uso exagerado dos mecanismos de defesa de projeção e negação, levando a conclusões precipitadas a partir de dados imprecisos tomados como verdadeiros. A aquisição e o uso da linguagem dependem da relação objetal. Uma das formas usadas pelos bebês para suportar a ausência do objeto é identificar-se com ele mediante internalização. Ao ouvir a voz da mãe, o bebê tem garantia de sua presença, mesmo não a percebendo visualmente – é uma ausência suportada, uma forma de transição do concreto para o abstrato. A fala da criança é um sinal objetivo da identificação com o objeto – emite os mesmos sons que ele, as mesmas palavras, com significados já conhecidos. Só que a criança já distingue seus próprios sons, isto é, sente o objeto dentro dela, mas sabe que é ela mesma. Desse modo, pode suportar melhor a ausência do objeto. Ao falar como o objeto, a criança se sente importante como ele, sendo talvez um dos mais fundamentais meios de obtenção de autoconfiança (Freud, 1891). Vemos, assim, que a internalização do objeto para constituir o ego ideal participa da aquisição da linguagem, razão por que, como Freud observou (1914), a voz da consciência (superego) pode ser ouvida.

A condição *borderline* e a passagem inadequada do narcisismo primário para o secundário

A ligação entre a linguagem verbal e a conquista da postura ereta permite avaliar a importância dos subsídios fornecidos pelas observações objetivas de Mahler à compreensão da teoria freudiana do desenvolvimento do ego. Verifica-se uma correspondência entre a subfase de reaproximação e a passagem do narcisismo primário para o secundário, em que é possível situar a perda e a recuperação da onipotência, respectivamente. Recapitulando: na subfase de reaproximação da fase de separação-individuação, a criança, após um período de afastamento, no qual se sente jubilosa ao erguer-se e dar os primeiros passos, apega-se novamente à mãe. Mahler ressalta a importância de a mãe entender a dupla necessidade da criança de depender e separar-se para individuar-se.

No processo de desenvolvimento do narcisismo freudiano, podemos entender ainda que a descoberta da mãe como objeto onipotente idealizado fere o narcisismo primário da criança, que é levada a invejar o objeto, agredi-lo ou negá-lo, sentimento que faz pensar na inveja precoce relatada por Klein (1957), apesar de esta considerá-la inata.

A empatia materna faculta à criança aceitar a potência do objeto, idealizá-lo e introjetá-lo, transformando-o em ego ideal. A introjeção dá lugar ao ego ideal que se desenvolve como superego protetor (Schafer, 1960), que ajuda o ego a lidar com os impulsos do id, a inveja, a ambivalência e as exigências da realidade.

Ao contrário, a não compreensão empática dos conflitos narcísicos dificulta a superação da etapa de narcisismo primário. Nesse caso, o objeto é internalizado com a inveja e a agressividade nele projetadas, resultantes do não atendimento de suas necessidades. As projeções reintrojetadas tornam o ego ideal precursor de superego agressivo, circunstância em que se distancia excessivamente do ego original, gerando defesas de divisão e negação que visam a proteção contra a agressividade reintrojetada. A influência do narcisismo primário torna-se maior que a desejável, acarretando onipotência irrealista, pensamento mágico, temor do superego persecutório, noção deficiente dos limites de si mesmo e dos objetos, permanência de energia libidinal e agressiva não neutralizada adequadamente, além da inveja onipresente. O nível insuficiente de energia dessexualizada e desagressivizada (Hartmann, 1950) incapacita o ego de manejar os impulsos do id, favorecendo a impulsividade característica do *borderline*.

Premido pelas exigências do ego ideal emergente desse cenário, o ego experimenta desamparo compatível com a "subnutrição afetiva" referida por Stern – o sentimento de rejeição é marca distintiva do *borderline*. O rebaixamento da autoestima pode expressar-se como depressão, com sua sequela de manifestações: inibições diversas, inferioridade, ansiedade hipocondríaca, ideias de ruína. No entanto, pode mobilizar defesas primitivas contra a impotência, organizadas como caráter: (1) negação, produtora de hipomania, ideias deliroides de grandeza, exacerbação de fantasias, mitomania; (2) projeção, com ideias persecutórias; (3) divisão, com indiferença afetiva esquizoide. A falha dessas defesas pode avivar a ferida narcísica, com reações eventuais de "fúria narcísica" (Kohut, 1972) ou de pertinaz sede de vingança, configuradora de "narcisismo maligno" estruturado como caráter (Kernberg, 1984). A insuficiência desses mecanismos pode originar, como defesa contra a psicose, compulsões diversas à guisa de fuga (alcoolismo, adição a drogas e muitas outras), perversões polimórficas, comportamentos bizarros e antissociais.

A ambivalência própria da transição do narcisismo primário para o secundário, se estruturada como caráter, predispõe o ego a apresentar quaisquer dos traços descritos pelos diversos autores. Apesar de ter noção dos limites entre as representações de si mesmo e do objeto, a inveja despertada pela perda da onipotência após o reconhecimento da potência do objeto dificulta a aceitação das fronteiras – contra a percepção destas, além de defesas passivas (divisão, negação e projeção), são adotadas transgressões ativas dos limites. A transgressão, que visa romper a linha delimitadora das representações de si mesmo e do objeto, é conduta característica do *borderline*, sinal emblemático da passagem dificultosa do narcisismo primário para o secundário, do processo secundário pré-verbal para o verbal, da fantasia inconsciente para o pensamento consciente.

A transgressão manifesta-se na transferência de vários modos, sobretudo como resistência ativa, sem finalidade propriamente de ocultar impulsos reprimidos, mas de romper o *setting*: não cumprimento da regra fundamental; relato repetitivo e enfadonho dos mesmos fatos banais do cotidiano; impontualidade sistemática, tanto em relação à chegada às sessões, quanto ao pagamento dos honorários; insistência em permanecer na sala após ser anunciado o término da sessão, mediante a tentativa de esticar a conversa com o analista; solicitações frequentes de mudança de horários ou outras que impliquem modificação do *setting*; esquecimento do celular ligado; desconfiança de que o analista não lhe dá a devida atenção; reações desmedidamente agressivas em razão de ideação paranoide, que inclui dúvidas quanto à honestidade do analista; preocupação frequente e exagerada com o corpo, de cunho hipocondríaco, que ocupa a maior parte das sessões; furto de objetos da sala de espera; explicações infundadas sobre seu comportamento, que podem ser racionalizações, mas às vezes mentira deliberada. A interpretação dessas condutas, assim como o uso do método de esclarecimento e de confrontação preconizado por Kernberg (1984), gera feridas narcísicas com reações hostis variadas, desde ironias, silêncio, faltas sistemáticas e distanciamento esquizoide, até manifestações furiosas, que podem incluir ameaças ao analista.

Atenho-me ao relato genérico de condutas no processo analítico, parecendo supérfluo acrescentar que o comportamento transgressor ocorre na vida cotidiana, criando situações de conflito inerentes ao desrespeito sistemático à individualidade de outras pessoas, que se manifesta como não aceitação de normas e costumes estabelecidos. Em vista da tendência à autocomiseração, justificam sua conduta, achando que o mundo lhes deve reparação pelas injustiças de que se consideram vítimas. Repetem, na verdade, o desamparo sentido na relação com objetos pouco empáticos que dificultaram seu desenvolvimento para a condição de indivíduos livres e independentes.

Classificação dos transtornos de caráter, na perspectiva do narcisismo

Na ótica do narcisismo freudiano aqui descrito, as neuroses (sintomáticas e de caráter) se passam em um cenário em que o narcisismo secundário (objetal) é predominante. Nas demais patologias, o narcisismo primário (anobjetal) prevalece, variando a gravidade do quadro clínico com o grau de sua dominância. Considerando que o desenvolvimento do ego é proporcional à quantidade de energia ligada de que é possuidor e que a catexia objetal é fator essencial de ligação da energia, temos que a relação objetal é decisiva para a higidez do ego. Desse modo, pode-se medir a força do ego pela qualidade da energia narcísica com que funciona: a fraqueza resulta da influência da energia livre do narcisismo primário; a força provém da quantidade de energia ligada do narcisismo secundário.

Em vista disso, o narcisismo serve de parâmetro para o funcionamento do ego em situações de normalidade e patologia. Nessa perspectiva, ter-se-ia a seguinte classificação geral dos transtornos de caráter:

- Neurótico: ego estruturado; predominância do narcisismo secundário; noção bem definida das representações do *self* e do objeto; defesas desenvolvidas, como repressão e formação reativa.

- Narcísico (*borderline*): narcisismo primário acentuado, sem força bastante para predominar e subjugar o secundário, mas com intensidade suficiente para estabelecer alternância propiciadora de inconstância libidinal. A instabilidade indica energia ligada em nível insuficiente para dominar adequadamente os impulsos instintivos. Em consequência, são mobilizadas defesas primitivas, prejudiciais à noção de si mesmo e dos objetos, as quais funcionam ao lado das desenvolvidas, compatíveis com representações bem delineadas de si mesmo e dos objetos. A labilidade energética derivada da alternância dos narcisismos primário e secundário, aliada a defesas primitivas automutiladoras, dificulta a constância da noção de si mesmo e do objeto, mas sem prejudicar substancialmente o teste de realidade, em razão da presença concomitante de defesas desenvolvidas. Estados funcionais desenvolvidos propiciam ao caráter *borderline* tangenciar e experimentar temporariamente praticamente todas as formas de patologia, em função da volubilidade inerente à alternância energética, sem fixar-se em nenhuma delas. Em vista do revezamento constante de energias narcísicas, o caráter *borderline* está no limite de praticamente todas as funções do ego, não descambando para a psicose franca em razão de quantidade de narcisismo secundário suficiente para dotar o superego de razoável capacidade de observação (autoconsciência do ego). Se o ego não mantiver narcisismo secundário suficiente para sustentar a organização *borderline* (uso de energia ligada e defesas primitivas estruturadas como caráter, ou seja, um estado razoavelmente sintônico), as defesas tornam-se distônicas, provocando distúrbio na função primordial do teste da realidade. Nessas circunstâncias, o caráter *borderline* se desintegra, dando lugar à psicose funcional. Portanto, a organização *borderline* abrange o amplo espectro de transtornos de caráter da supracitada classificação de Kernberg, na qual talvez fosse conveniente incluir as personalidades infantil e passivo-agressiva, por ele colocadas em uma espécie de limbo ("nível intermediário").

Personalidades *borderline* e narcísica: dois nomes para a mesma coisa

Visto que o narcisismo é componente natural da mente, estados narcísicos ocorrem sempre, na patologia e na normalidade. O desenvolvimento inadequado produz deficiências nas diversas fases, originando distúrbios com gravidade proporcional à proximidade do narcisismo primário. Nesse sentido, afora as neuroses (sintomáticas e de caráter), em que o secundário predomina, as demais patologias possuem fortes traços do narcisismo primário, sobretudo a psicose funcional. Assim, a condição *borderline* não indica estado fronteiriço apenas com a psicose, mas com qualquer patologia. A oscilação entre estados primários e secundários, em equilíbrio dinâmico, uma espécie de instabilidade estável, é seu traço distintivo.

Essa visão integrada do narcisismo permite concluir que *personalidade narcísica*, sendo por definição uma organização com forte influência do narcisismo primário, é o nome metapsicologicamente mais adequado para a chamada "personalidade *borderline*", constituindo uma impropriedade conceitual considerá-las entidades distintas.

Stern (1938) registrou essa igualdade quando chamou indistintamente o mesmo quadro clínico de "neurose *borderline*", "neurose narcísica" e "caráter narcísico". É lícito incluir nessa equação a "neurose narcísica" citada por Freud – como foi dito antes, embora lhe tenha dado o sentido de psicose (1916/1917), mudou de ideia depois, ao mostrar que na psicose o ego repudia a realidade, enquanto na neurose narcísica, o conflito é com o superego (1924 [1923], p. 132). Freud considerava o método válido para as neuroses de transferência pouco eficaz para a neurose narcísica, almejando encontrar uma técnica capaz de superar essa patologia: "É provável que tenhamos uma opinião modesta sobre nosso presente conhecimento das vicissitudes da libido, adquirido do estudo das neuroses de transferência, quando realizarmos essa tarefa maior" (Freud, 1916/1917, pp. 422-423). No estágio atual de nossos conhecimentos, a compreensão da chamada personalidade *borderline* parece constituir a "tarefa maior".

Freud acreditava que os próximos avanços da psicanálise se relacionassem com o encontro da técnica eficaz para as neuroses narcísicas (1916/1917, p. 422). Na verdade, pode-se dizer que a necessidade de tratar pacientes narcísicos (*borderline*) originou as principais mudanças conducentes à prática clínica de hoje, bem diferente da centrada na interpretação do reprimido. Considerando que a estrutura teórica da psicanálise foi modelada pela histeria, o grande desafio consiste em adaptá-la ao paradigma das condições narcísicas de tipo *borderline*, como está acontecendo com a prática clínica.

Como foi dito antes, a prática atual é muito diferente da que se limitava a interpretar resistências e produções inconscientes surgidas nas associações livres. No entanto, a mudança surgiu de experiências clínicas nos mais diversos quadrantes para fazer face a quadros narcísicos, que levaram a experiências regionais, com transposições teóricas não raro conflitantes e nem sempre consistentes. A diversidade daí decorrente resultou que não se adotassem padrões técnicos uniformes, de modo que o único a manter seu caráter universal foi aquele aplicado às neuroses de defesa. Esse estado de coisas produziu diversas inseguranças na adoção de procedimentos que contrariem o esquema já estabelecido, como se pode ver, por exemplo, no cuidado com que Kernberg (1984) descreve seu modo de lidar com pacientes *borderline*, dizendo tratar-se de psicoterapia em vez de psicanálise, por não seguir os padrões clássicos.

Considerando que o modelo antigo prioriza o aspecto cognitivo da interpretação, mostrarei a seguir o fator afetivo como eixo central da ação terapêutica, com o propósito de expor, do ponto de vista da metapsicologia freudiana, os fundamentos de uma psicanálise clínica moderna.

Parte 2

A ação terapêutica da psicanálise

capítulo 6

O afeto e a ação terapêutica – Novas perspectivas para a teoria da técnica

Antes de relatar casos clínicos ilustrativos do que foi exposto até agora, deve ser esclarecido que a maioria dos analistas emprega o método tradicional, sobretudo no que concerne à primazia da interpretação como decodificadora de linguagens cifradas. A confrontação entre ideias clássicas e modernas pode ser medida por controvérsia suscitada por textos publicados no *International Journal of Psychoanalysis* nas proximidades da virada do século. Stern et al. (1998) e Fonagy (1999), por exemplo, põem em xeque a importância da interpretação do reprimido e a recuperação de lembranças do passado, ensejando uma fecunda reflexão sobre a natureza da ação terapêutica. Fonagy preconiza a abolição da "metáfora arqueológica", retirando da interpretação a prerrogativa de agente principal da mudança psíquica. Esse papel caberia à relação objetal em si: "A remoção da repressão não deve mais para ser considerada a chave da ação terapêutica. A modificação psíquica é uma função da mudança de ênfase entre diferentes modelos mentais de relações objetais" (Fonagy, 1999, p. 218). O autor acrescenta: "Terapias baseadas na recuperação de lembranças procuram um falso deus" (Fonagy, 1999, p. 220). Por sua vez, Stern et al. (1998) também priorizam a relação objetal, em particular o que chamam de "momento de encontro", descrito como o ápice da intersubjetividade durante o processo analítico, ao qual é atribuído o verdadeiro papel de responsável pela mudança psíquica. Dão tal relevância a esse momento, que, uma vez alcançado, recomendam a modificação do *setting*, com a transformação da relação analítica em encontro amistoso comum entre duas pessoas.

Seguiram-se diversas contribuições ao debate, favoráveis e contrárias à posição vanguardista. Ainda mais radical, Ryle (2003) aludiu ao fato de Stern et al. (1998) pregarem a quebra das regras constitutivas do *setting* para dar expansão plena ao "momento de encontro", em nome do qual se justificaria a transgressão da situação analítica. Criticou-os por não aproveitarem a derrogação dos cânones técnicos para substituí-los por outros formadores de novo método. Por isso, aprofundou a ruptura mediante a substituição do método convencional por outro que denominou "terapia analítico-cognitiva". Não cabe aqui entrar em detalhes sobre a inovação proposta por Ryle, uma vez que foi tão longe, distanciou-se tanto da prática psicanalítica, que mal se pode divisar a psicanálise no meio de um procedimento de cunho cognitivo-comportamental. Stern et al. (1998) mantêm a linha psicanalítica até a chegada ao "momento de encontro", mas a partir daí a ruptura do *setting* também inviabiliza um processo genuinamente psicanalítico.

Em defesa da abolição da "metáfora arqueológica", Fonagy alinha subsídios neurocientíficos, particularmente a existência de duas espécies de memórias, localizadas distintamente no cérebro. Uma delas, a *memória explícita*, passa pelo córtex e vincula-se às lembranças associativas comuns, passíveis de tornarem-se conscientes. A outra, a *memória implícita*, localiza-se em regiões subcorticais diversas, não sendo rememorável. Enquadram-se nessa última categoria: (1) aquela em jogo em *ações* automáticas (nadar, andar de bicicleta) derivadas de aprendizagem por repetição – nesse caso é chamada de *memória de procedimento* (*procedural memory*); (2) a subjacente às *reações* emocionais que independem da rememoração consciente dos fatos geradores da emoção primitiva – a *memória emocional*.

De acordo com esses conhecimentos, o efeito terapêutico da interpretação é considerado secundário, por dizer respeito apenas à memória explícita, não atingindo a implícita, considerada primacial na ação terapêutica. Como a memória implícita envolve os atos automáticos e as reações emocionais cuja gênese, além de inconsciente, não se torna consciente por método interpretativo, conclui-se que sua origem é detectada por meio da repetição na transferência, sendo ilusório supor que interpretações tornem conscientes suas motivações iniciais.

O afeto e a ação terapêutica – Novas perspectivas para a teoria da técnica   **93**

Algumas críticas à proposta renovadora são pertinentes, como a de Blum (2003), sobretudo no que tange à importância dada apenas ao aqui e agora, que de certo modo despreza a historicidade da personalidade humana, além de mostrar forte matiz cognitivo-comportamental, em cores vivas (Ryle) ou suaves (Fonagy). Entretanto, a despeito de lacunas porventura existentes, as visões de Fonagy e Stern, se adaptadas à concepção freudiana da mente como processo de desenvolvimento, em que todas as etapas são fundamentais, inclusive a verbal das memórias explícitas, delineiam-se como promissoras de modificações na trajetória da psicanálise. Lamentavelmente, os autores não consideraram a possibilidade de harmonizar suas ideias inovadoras com a metapsicologia freudiana, que ainda é a única teoria geral da mente conhecida.

Precursores das novas ideias

Em que pese o aspecto positivo de uma confrontação com o poder hegemônico da interpretação para a recuperação de acontecimentos perdidos nos meandros do tempo, sua motivação, no que respeita ao primado da relação, não constitui novidade. A não originalidade é reconhecida de maneira implícita por Fonagy, que cita em seu artigo de 1999 diversos autores recentes que mostraram a importância da manifestação na transferência de relações objetais de estágio pré-verbal, captáveis na verbalização. Mas contribuições anteriores não devem ser negligenciadas, por remeterem a conclusões de maior alcance, como as de Winnicott e Kohut. Apesar dessas omissões, os polêmicos artigos, além de concorrerem para o aprofundamento da questão de forma consistente, ousada e com certa contundência, têm o mérito de conferir sustentação científica a percepções antigas, expostas por Freud na segunda década do século passado, cujo desdobramento resultou na tendência posterior a privilegiar as relações objetais, em que variantes como a psicologia do *self* kohutiana podem ser incluídas. Como os artigos componentes da controvérsia omitiram os passos precursores, é oportuno fazer um ligeiro retrospecto do avanço em direção aos horizontes ora descortinados, à guisa de preparação para apresentar uma das ideias centrais deste livro: a metapsicologia freudiana é o sistema teórico adequado para, além de abrigar hipóteses pretéritas, acolher avanços atuais e vindouros.

Como foi visto antes, Freud relativizara a eficácia da interpretação ao considerar a transferência positiva o emoliente indispensável para dissolver a resistência, afirmando que a psicanálise deixou de ser apenas uma arte interpretativa. Estava então às voltas com as limitações da psicanálise, que claudicava em neuroses de defesa graves, além de ser inócua nas neuroses narcísicas (Freud, 1919 [1918]). Preconizava uma nova técnica para as últimas, esperando viabilizá-la quando desbravasse o âmago do ego, sede da patologia narcísica. Freud não conseguiu criar a técnica derivada do ego que constituiria a "tarefa maior", mas deixou indicações seguras do caminho a seguir: (1) a ideia de que ego e id têm origem hereditária comum (1937a); (2) o ego apresenta alterações no desenvolvimento sem relação com sua atividade de defesa (1937a); (3) a personalidade do analista participa da ação terapêutica (1937a); (4) a identificação, elemento fundamental de estruturação do ego, é a primeira relação afetiva, precedendo a relação objetal (1921; 1923a).

A articulação desses dados mostra que o afeto é basilar no desenvolvimento do ego. Considerando que a patologia narcísica se radica nessa instância, é do exame de sua estruturação que deve ser extraído o fundamento para a técnica adequada às patologias narcísicas. Sendo a identificação essencial para a formação do ego, relações afetivas iniciais deficientes, indutoras de feridas narcísicas, ocasionam a internalização de maus objetos, gerando falhas estruturais.

Esses elementos, preciosos para o encontro da técnica desejável, não foram articulados pelos pós-freudianos de modo a dar coerência interna ao sistema metapsicológico e harmonizá-lo com as relações intersubjetivas. A corrente das relações objetais, embora partisse da observação das limitações da análise do reprimido, parece não ter percebido que Freud fizera a mesma observação, provavelmente em virtude de suas afirmações a respeito terem sido obscurecidas pela ênfase anterior na enganosa equivalência entre o reprimido e o inconsciente. Por isso, Freud foi considerado "instintivista", termo com viés depreciativo cunhado para indicar não valorização das relações objetais. Assim, as múltiplas implicações da teoria estrutural tripartite nas relações objetais não foram exploradas, sendo subestimado o alcance revolucionário da teoria do ego e do narcisismo. Por sua vez, a corrente das relações objetais não produziu uma teoria convincente para substituir a freudiana, criando lacuna propiciadora da manutenção dos parâmetros técnicos da análise do reprimido.

Depois que Freud apontou a sugestão intrínseca à transferência positiva como alavanca ideal para remover resistências à interpretação, o papel do afeto tornou-se claro, malgrado não ter granjeado conceituação teórica à altura de sua transcendência. Na verdade, a teoria do afeto sempre foi um ponto cego na psicanálise. Além dos analistas citados antes, Klein foi pioneira na explicitação do papel do objeto na formação da mente, mas, como os demais, privilegiou a finalidade interpretativa, sem explorar o fator estruturante do afeto. As observações objetivas de bebês (Benedek, 1938; Spitz, 1945; Mahler, 1952) mostraram a ação cardinal do afeto positivo, cuja deficiência compromete o desenvolvimento deles. Bowlby (1969) tomou o rumo da pesquisa científica para fundamentar o conceito de *attachment*, que amplia o horizonte das relações objetais, fazendo--as transcender a sexualidade. Mesmo não tendo indicado essa correlação, confirmava a ideia de Freud (1923a) de uma relação afetiva anterior à sexual. O encontro de uma função para a contratransferência (Heimann, 1950) foi a bússola orientadora da intuição como elemento técnico. Em conexão semelhante, Kernberg (1984) percebeu a inadequação da técnica convencional no manejo de transtornos graves de personalidade, usando método que não se enquadrava nos padrões tradicionais. Talvez por recear desviar-se da técnica tradicional, agiu com cautela excessiva, chamando seu trabalho de psicoterapia em vez de genuína psicanálise. Pensando a psicanálise em termos exclusivamente interpretativos, parece não ter percebido que a moderna psicanálise cuida das personalidades narcísicas por meio da compreensão de uma linguagem afetiva isenta de componente verbal.

A metapsicologia freudiana como continente para as inovações

Um dos óbices à realização da "tarefa maior" tem sido o receio de infringir a técnica estabelecida, cuja insuficiência o próprio Freud denunciou. Os avanços têm esbarrado nesse tabu, que sói estigmatizar inovações com o apodo de psicoterapia menor. Penso que os conhecimentos neurocientíficos podem dar segurança aos que percebem as deficiências de métodos convencionais, encorajando-os a adotar convictamente posição compatível com os tempos modernos. Essa postura implica admitir que a psicanálise tem se mantido dentro de padrões estreitos surgidos de conhecimentos do século XIX, quando a realidade científica do século XXI lhe abre largos espaços. Essa é a razão de serem tão valiosos trabalhos que, baseados em dados científicos, descortinam horizontes situados além da interpretação. Isso não significa fazer apologia de transgressão leviana, desfiguradora da psicanálise, mas contribuir para ampliá-la e levá-la a extrapolar o restrito campo do reprimido. Não se trata de violar, mas transpor, assumindo que a teoria estrutural freudiana representou um salto para frente em relação à da libido reprimida – esta manteve intacta sua importância, mas foi relativizada e tornada parte de algo maior descoberto depois. A compreensão do ego corporal e seu desenvolvimento como ego psicológico, bem como o encontro de lugar teórico para o afeto, enseja a entrada em uma nova dimensão, que inclui inelutavelmente o convívio com a neurociência. Uma vez que o afeto exprime uma descarga corporal experimentada como sentimento (Freud, 1915c), ou seja, como fato psíquico, e que o ego surge da percepção desse evento somático-e-psíquico (Freud, 1923a), a gênese do fenômeno afetivo não deve ser contemplada unilateralmente, mas na interseção entre a psicologia e a biologia.

As novas contribuições devem constituir acréscimos, em vez de oposição ao que existiu antes. Cabem, pois, comentários sobre a não inclusão da metapsicologia freudiana nos supracitados artigos de Stern et al. e Fonagy. A respeito dessa omissão, trago à reflexão uma crítica feita por Ryle à afirmação de Stern et al., acolhida por Fonagy, de que a memória implícita não tem conteúdo de representação, já que esta só existiria na fase verbal. Para refutar essa ideia, Ryle (2003) aponta formas pré-verbais de comunicação:

> [...] a presunção de que a criança pré-verbal é pré-simbólica deve ser questionada; [...] bebês são capazes de "transformações simbólicas não linguísticas". [...] as sequências de ações da atividade conjunta da mãe e da criança são precursoras da comunicação mediada por signos (p. 111).

Não obstante a validade dessa observação, Ryle a usa para sustentar que esses precursores pré-verbais são o meio pelo qual a memória implícita se torna explícita, fato que contraria a essência da tese geradora da controvérsia, isto é, que as memórias implícitas não se tornam conscientes, como demonstram os neurocientistas.

Aqui se radica o nó górdio da questão: se teoricamente Ryle aparenta ter razão, na realidade sua postulação é contraditada não só pela neurociência, mas também pela clínica psicanalítica: há registros mnêmicos inequivocamente irresgatáveis. Entretanto, a existência de representação nos estágios pré-verbais é imprescindível para a compreensão dos aspectos mais fundamentais da manifestação da memória implícita na relação transferencial e sua contribuição para a mudança psíquica. Aqui, é preciso lançar mão da *feiticeira metapsicologia*, para inserir Freud na controvérsia, onde não foi incluído pelos autores.

As experiências afetivas registradas como memória implícita são enquadráveis no que Freud (1915c) denominou *estrutura afetiva inconsciente* – esta contém representações cujas quotas de afeto (catexias) descarregam-se como afetos. Na transferência, há deslocamento de quotas de afeto dessas para outras representações (Freud, 1900; 1915b; 1915c). Ainda que sua manifestação transferencial como repetição configure uma forma de automatismo característico da memória implícita, faz-se acompanhar de um conteúdo de representação inconsciente, de natureza concreta, constitutivo da estrutura afetiva. Esta é diferente do afeto em si, que é descarga corporal consciente, enquanto a estrutura afetiva inconsciente é uma representação-coisa (*Sachvorstellung*) – registro mnêmico impregnado de quota de afeto –, núcleo a partir do qual pode surgir a descarga afetiva repetida na transferência.

Tenho a impressão de que a omissão desse ponto pelos participantes da polêmica deve-se à ideia equivocada de equacionar o inconsciente com o reprimido, concepção que Freud abandonou ao ver que o ego também pode ser inconsciente como o reprimido (1923a). A antiga fórmula *tornar consciente o inconsciente* foi superada, e a finalidade passou a ser desenvolver o ego (Freud, 1933). Por meio dos conceitos de *representação-coisa*, *repressão primária* (representação que nunca foi consciente), *estrutura afetiva inconsciente* e *ego inconsciente*, Freud parecia falar de memória implícita, embora não tivesse usado esse nome nem dado seguimento ao conceito de estrutura afetiva inconsciente, assunto por mim tratado com maiores detalhes em outro lugar (2003).

Se considerarmos o simbolismo pré-verbal referido por Ryle equivalente ao simbolismo concreto de Freud, que configuraria um pensamento inconsciente ainda não perceptível pela consciência, concluiremos haver uma mente que permanece inconsciente mesmo depois de ter superado a regulação pelo automatismo prazer-desprazer (Freud, 1900, p. 574). Nesse estágio de desenvolvimento, a mente funciona com características da fantasia inconsciente – esta, mesmo sendo genuinamente inconsciente, segue as regras do pré-consciente (Freud, 1915c). Vemos então que esse processo começa com sensações de prazer-desprazer, cujos registros originam representações concretas; estas, depois de acumuladas e interligadas associativamente, conduzem à superação da regulação sensorial automática. Tais representações se ligam depois ao "sistema mnêmico de indicações de fala" para formar a representação-palavra (*Wortvorstellung*), só então se tornando conscientes (Freud, 1900, p. 574). O processo completo constitui um *continuum* que inclui a alucinação como passo inicial, a fantasia inconsciente como intermediário e o pensamento verbal como definitivo.

Cada etapa desse *continuum* é caracterizada pelo modo como a quota de afeto ocupa (catexiza) o sistema mnêmico para formar a representação. Inicialmente, ao ocupar as primeiras representações concretas, a energia de ocupação (quota de afeto) tem forte tendência a descarregar-se como afeto. À medida que aumenta a quantidade de registros mnêmicos, a energia tende a vincular-se mais firmemente às múltiplas representações, diminuindo seu ímpeto para a descarga e assegurando a superação da regulação sensorial automática.

As etapas do *continuum* repetem-se na análise com as respectivas quotas de afeto transferidas para o analista. Um paciente com afetos transferenciais muito intensos provavelmente está repetindo experiências da fase pré-verbal regulada pelo automatismo prazer-desprazer. A atuação manifestada por simbolismo concreto – por exemplo, retirar sistemática e prazerosamente secreções nasais com o dedo como expressão de autoerotismo anal –, também pode estar repetindo um estágio pré-verbal, mas já não sob a égide da regulação automática primária. Nesses casos, o conteúdo concreto dos registros originais não é resgatável, mas suas quotas de afeto ocupam outras representações, passíveis de consciência. É a mobilidade das quotas de afeto que dá margem à mudança psíquica, da qual a transferência é o motor essencial – o elemento primordial da mudança não é, pois, a interpretação, mas a atitude do analista em face da transferência. Sua postura inclui não só escuta compreensiva, mas também o diálogo indutor da construção de novas estruturas afetivas inconscientes. As representações anteriores não se transmudam em novas; apenas esvaziam-se de suas quotas de afeto, que são transferidas para novas representações surgidas da conduta do analista. O fator econômico, não o topográfico, revela-se o agente da mudança: o registro mnêmico da representação continua onde está; a quota de afeto é que muda. Dito de outro modo, a memória implícita não se torna explícita como sugere Ryle, mas sua quota de afeto é vinculada por uma nova representação constitutiva de memória explícita. A mudança da quota de afeto de uma representação antiga (objeto primitivo) para nova representação (analista) é a descrição metapsicológica da transferência, que fundamenta o papel decisivo desta na modificação da mente.

Evidências de que a causa primária da mudança é o fator afetivo

Pode-se concluir que a mudança psíquica não é operada pelo conteúdo ideativo (cognitivo) da representação, mas pelo afetivo, daí a transferência ser o fator primário da análise, sendo a interpretação secundária e complementar. O acerto dessa ilação pode ser demonstrado pela existência de correntes teóricas nas mais diversas regiões. Em um universo limitado como a cidade do Rio de Janeiro, algumas correntes disputam a condição de melhor psicanálise. Mesmo no âmbito restrito das sociedades componentes da Associação Psicanalítica Internacional (IPA, na sigla em inglês), há predominância dos pensamentos de Klein, Bion, Winnicott e Kohut. Nas entidades não filiadas à IPA, em que se inclui a universidade, a predominância lacaniana é tão forte, que sua influência transvaza para o círculo fechado da IPA. O influxo lacaniano trouxe certa revalorização de Freud – depois de ser durante muito tempo apenas referência histórico-afetiva, sua obra passou a ser estudada com mais empenho, apesar de examinada geralmente pela ótica de Lacan. Sendo o autor deste livro orientador de diversos grupos de estudos constituídos por colegas de quatro entidades diferentes, alguns dos quais se reúnem sistemática e ininterruptamente há mais de quinze anos para pesquisar a metapsicologia freudiana na fonte, sem a intermediação dos diversos exegetas, tem podido observar quanto o pensamento de Freud tem sido distorcido por seus intérpretes. Estes, além de deixarem de lado aspectos essenciais, como o conceito de ego inconsciente, costumam fechá-lo em fórmulas prontas, ou abri-lo em demasia para elucubrações filosóficas, quando o rigor de seu pensamento científico se caracteriza por abertura limitada pelos dados da experiência clínica e pela condição biológica do ser humano.

Não obstante tão variadas linhas teóricas, não se observa diferença de resultados práticos entre elas, positivos ou negativos, fenômeno não restrito ao Rio ou ao Brasil, mas extensivo aos demais países e continentes. Ainda mais: às vezes, analistas iniciantes obtêm melhores resultados em patologias graves que colegas experientes, de competência comprovada. A rigor, não se pode em média considerar uma região superior a outra em termos de ganhos clínicos. Isso pode ser constatado ainda no costume havido durante certo tempo de analistas se deslocarem para centros tidos como mais avançados, com a esperança de serem mais bem analisados. Muitos anos dessa prática revelaram a ilusão desses ganhos, pois não foram confirmados pela realidade. Sendo assim, os resultados não devem ser atribuídos às teorias, mas aos analistas, provavelmente à maneira como manejam a transferência – em outras palavras, ao elemento afetivo da relação. A esse respeito, trago dois casos relatados por colegas.

1. Certa vez, fui privilegiado interlocutor de dois ilustres colegas (A e B) que conversavam sobre pacientes difíceis, para os quais a psicanálise não seria o tratamento indicado. Deram como exemplo desses casos uma pessoa analisada pelos dois. Autorizado por ambos, trago um resumo do que relataram. Tratava-se de uma mulher que iniciara seu tratamento analítico com cerca de quarenta anos de idade no país onde morava, um dos mais importantes centros psicanalíticos do mundo. Após diversos anos de análise infrutífera, com frequência de quatro sessões semanais, retornou ao Brasil, onde procurou A por recomendação do analista do país de partida. Após alguns anos de análise com quatro sessões semanais, A perdeu a esperança de ajudá-la, pois sua patologia narcísica, com discretas e efêmeras manifestações psicóticas, não apresentava sinal de mudança, de modo que decidiu interromper a análise e encaminhá-la a B. A nova análise, agora com cinco sessões semanais, teve desenlace semelhante à anterior: depois de muitos anos, desesperançado com a incapacidade de *insight* da paciente, que não apresentava qualquer mudança, B também interrompeu a análise, depois de discutir o caso com colegas de outros países. Por insistência dela, tentou incluí-la em um grupo analítico. A experiência foi desastrosa: ansiosa, impaciente e distanciada do resto do grupo, sua permanência logo se mostrou insustentável. Alguns meses depois de consumada a interrupção, a paciente implorou ser recebida novamente por B, mesmo que "só para desabafar".

   Compungido, o colega acedeu em "conversar" (*sic*) com ela uma vez por semana, portando-se como ouvinte silencioso: limitava-se a, em raríssimas situações, chamar-lhe a atenção para coisas objetivas que ela era incapaz de perceber. Não lhe dava orientações diretas ou conselhos, procurando manter postura analítica, na medida do possível. Em vista da distância entre os encontros, a paciente telefonava frequentemente, na maioria das vezes apenas para ouvir a voz do analista. Nessa conversa "descompromissada" (*sic*), houve ganhos superiores aos obtidos em muitos anos de análise com três reputados analistas internacionais,

O afeto e a ação terapêutica – Novas perspectivas para a teoria da técnica **101**

de orientações teóricas diferentes, mas que seguiam os cânones técnicos consagrados secularmente – o primeiro, seguidor da escola norte-americana da psicologia do ego; o segundo, freudiano eclético influenciado pela escola inglesa das relações objetais; o terceiro, kleiniano ortodoxo. Antes, a vida era um fardo difícil de suportar, apesar de possuir beleza física, confortável condição econômica e invejável posição social: seu inegável talento era reconhecido consensualmente no meio cultural, no qual era admirada, louvada e, até certo ponto, cultuada. Só então teve a ansiedade diminuída, usufruindo momentos de relativa paz. Disse B que se tivesse começado pela "psicoterapia" e desta passasse para a psicanálise, talvez o caso tivesse melhor evolução.

A psicanálise foi aplicada pelos três analistas na forma clássica de interpretação do reprimido, não entrando em pauta a reestruturação do ego lesado, com a relação intersubjetiva ocupando o primeiro plano. A e B tinham razão: a paciente era efetivamente não analisável pela psicanálise tradicional. Psicoterapia parece o termo adequado para a conversa final, descompromissada e comiserativa. Se a relação fosse usada deliberadamente como método derivado de conhecimento científico para induzir mudança estrutural, em vez de psicoterapia, o processo talvez pudesse ser chamado de uma "psicanálise de espectro restrito" adequada ao caso – esta, acrescida de interpretações, constituiria a psicanálise completa.

2. Trago também o relato de outro colega sobre sua experiência pessoal, em plenário de um congresso da Federação Brasileira de Psicanálise, onde revelou que foi analisado durante cerca de vinte anos úteis, com frequência de cinco sessões semanais, por quatro analistas diferentes, um dos quais pertencente ao mais conceituado centro psicanalítico do mundo. O sofrimento que o levou à análise pela primeira vez jamais foi superado, embora não fosse notado por outras pessoas. Com larga experiência adquirida ao longo de várias décadas de prática clínica intensa, declarou que jamais fora analisado completamente, sem que nunca percebesse esse fato. Só reparou a insuficiência das análises anteriores quando, já septuagenário, decidiu retornar à análise pela quinta vez, em face de insólito recrudescimento do mal-estar que o levara à primeira análise. Só nessa derradeira experiência pôde livrar-se do sofrimento que o acompanhou durante toda a vida.

Há grande riqueza de detalhes no relato, sobretudo levando em conta revelações feitas a colegas mais próximos em *petit comité*, mas me atenho aos dados tornados públicos no congresso. Uma coisa chamou especialmente a atenção na quinta análise do ilustre colega, um prestigioso praticante da psicanálise no Brasil. Seu companheiro nessa jornada psicanalítica notabilizara-se pela grande dedicação, que o tornava disponível para sessões nos sete dias da semana.

Esses exemplos me parecem reforçar a assertiva de que, na mudança da estrutura psíquica, o conteúdo teórico da interpretação é secundário. São primários os componentes essenciais do método: o *setting*, a regra fundamental, a transferência e a postura do analista. A última inclui: sabedoria em lidar com a transferência; habilidade em encontrar *timing* adequado; exposição de ideias coerentes e claras, ao nível da compreensão concreta do paciente; comportamento espontâneo e transparente.

Descrição metapsicológica da mudança psíquica

É indisputável que o método deve fundamentar-se em uma teoria científica. Por isso, afirmei antes que a supracitada controvérsia nas páginas do *International Journal of Psychoanalysis* poderia revolucionar a psicanálise se adaptada ao sistema teórico freudiano. Se já possuímos conceitos metapsicológicos abrangentes da experiência clínica, abertos para a interface com a neurociência, é recomendável que, ao trazermos conhecimentos neurobiológicos ou novas concepções clínicas, os incorporemos a um sistema existente, principalmente quando este foi arquitetado como ciência natural em uma perspectiva de cotejo futuro com a biologia. Esse referencial teórico atribui identidade à psicanálise como ciência autônoma, condição indispensável para que ela não se despersonalize, seja transformando-se em ciência cultural, em anexo da filosofia, ou, agora também, em apêndice da neurociência. Com identidade própria, pode receber contribuições de todos os lados, mas é preciso que se definam as premissas psicológicas de uma teoria geral da mente – até agora, isto não tem sido viável fora da metapsicologia freudiana.

Uma vez constatado o equívoco de tratar a memória emocional por método interpretativo, podemos entender metapsicologicamente o que se passa quando temos de direcionar o foco para a revivência afetiva. Para isso, é preciso não perder de vista que no *setting* analítico, no qual o paciente atua sua história afetiva com a vividez própria da transferência, o analista participa da atuação (*enactment*) repetitiva usando uma parte de seu ego capaz de acompanhar o paciente no mergulho regressivo-transferencial, ao mesmo tempo que se coloca como observador da dupla regressão: do paciente e dele próprio. O par em regressão converge para uma identificação primária comum, que no analista se manifesta como empatia capaz de afiná-lo com o sentimento do paciente, e neste como introjeção do analista empático, por meio da qual o ego do paciente é modificado. Esta é uma descrição metapsicológica do que Stern et al. (1998) chamaram de "momento de encontro".

Tratando-se de fenômenos que se passam em estruturas afetivas situadas fora do córtex, sendo inacessíveis à consciência, temos de admitir que as mudanças são operadas por fatores afetivos e não cognitivos. Se chegamos à conclusão de que a mente é reestruturada a partir da díade afetiva *empatia-introjeção*, qual seria o papel do ego não regredido do analista, que observa o que se passa?

São múltiplas suas funções: (1) provê a solidez propiciatória da regressão; (2) reconhece a natureza dos fenômenos regressivos, integrando-os com sua função sintetizadora; (3) comunica-se verbalmente com o ego não regredido do paciente (a ausência neste de parcela intacta inviabilizaria a análise). O diálogo entre os egos não regredidos cria as condições para a mudança afetiva integrar-se à cognição, mesmo que afetos de memória implícita nunca se tornem conscientes.

A interface entre a metapsicologia e a neurociência

Essa é a descrição metapsicológica da ação terapêutica. Porém, assim como nos valemos de conhecimentos científicos objetivos para demonstrar as limitações da técnica interpretativa, dispomos dos mesmos meios para sustentar que a relação afetiva é a base da ação terapêutica? Podemos justificar a hipótese de que o binômio empatia-introjeção é o coração da mudança psíquica?

Diversas experiências fazem crer que sim. Hofer (1995) mostra que um filhote de rato desgarrado da mãe reage ansiosamente, com alterações fisiológicas extensivas, revertendo ao estado normal com a aproximação materna. O neurocientista observa ainda que efeitos iguais aos da separação são obtidos com a administração de antagonista da benzodiazepina, da mesma forma que agonista da benzoadiazepina provoca as mesmas modificações somáticas da reaproximação. Vai além, afirmando que separações entre seres humanos adultos também têm repercussões somáticas relevantes. Schore (1994; 1997) relata que bebês, principalmente entre os seis e doze meses de vida, quando interagem afetivamente com adultos, intensificam a produção de dopamina na região mesencefálica, sendo esse neurotransmissor liberado no córtex órbito-frontal, onde a ação da substância amplia circuitos neurais implicados na cognição e na regulação das emoções.

Portanto, um fator afetivo (interação com adulto) age sobre circuitos neurais, desenvolvendo a cognição e regulando as emoções, fato sugestivo de que a falta de estímulo afetivo adequado pode produzir o resultado contrário de influenciar negativamente a cognição e o controle das emoções. Com efeito, as pesquisas de Teicher (2002) revelaram que vítimas de maus-tratos na infância apresentaram diminuição de volume do hemisfério cerebral esquerdo em comparação com grupo-controle tratado normalmente. Por sua vez, Kandel e Hawkins (1992) e Kempermann e Gage (2002 [1999]) mostram que tecidos nervosos lesados podem ser restaurados se receberem estímulos adequados.

Os efeitos da interação afetiva sobre o soma são reafirmados de forma às vezes surpreendente. Gelstein et al. (2011) demonstraram que as lágrimas contêm sinalizadores químicos capazes de modificar a fisiologia de quem as cheira, mesmo que seu odor não seja percebido conscientemente. Nessa experiência, as lágrimas foram vertidas durante emoção negativa (tristeza) e embebidas em material propício à inalação. As fotos das pessoas tristes não produziram alterações somáticas nas pessoas às quais foram expostas. No entanto, depois de cheirarem o tecido em que as lágrimas foram embebidas, essas pessoas apresentaram mudanças somáticas registradas em exame de hormônios e de imagens cerebrais por ressonância magnética funcional. Conclui-se que o fato bem conhecido de que as pessoas em geral se comovem em presença de alguém que chora pode dizer respeito não apenas à visão do sofrimento, mas ao odor exalado durante esse estado. A experiência mostra que estados afetivos são despertados não somente pela visão e a audição, mas também pelo olfato. Este último pode não ter a mesma intensidade experimentada pelos demais mamíferos, mas se faz presente no ser humano adulto. Assim, é possível inferir a participação decisiva do olfato sobre a atividade mental de um bebê que ainda não desenvolveu a visão e a audição.

A evidência de que cérebro e mente formam um *continuum* tornou consensual que os eventos psíquicos correspondem a modificações do cérebro e vice-

-versa. Isso confirma o que os psicanalistas têm registrado há muitos anos, não só em seus consultórios, mas também em observações externas diversas, como a do fenômeno do "hospitalismo", relatado por Spitz (1945). Possibilita também a mudança de posição do meio científico, que deixa de ver o fato psicológico apenas como ilusão sem implicações somáticas. Verifica-se agora que um placebo pode produzir modificações orgânicas iguais aos de uma droga com componentes químicos específicos, ou seja, a sugestão modifica o soma. Em outras palavras, a sugestão é uma ilusão que atua sobre o fato real. Uma pesquisa recente levou esse fenômeno a hipóteses ainda mais singulares. Modificando a ideia generalizada de que o "efeito placebo" só existe quando o paciente acredita estar tomando uma droga específica para sua doença, uma pesquisa realizada por um grupo da Universidade de Harvard, liderado por Kaptchuk (Kaptchuk et al., 2010), mostrou que pacientes tiveram alívio de seus sintomas mesmo sabendo que estavam tomando placebos, ao contrário dos que não tomaram qualquer medicamento. Os autores concluíram que o médico não precisa enganar o paciente para influir sobre sua doença.

Essa recente pesquisa, publicada em dezembro de 2010, confirma o que a psicanálise vem pondo em prática desde a experiência pioneira de Breuer com Anna O. (1880-1882), além de demonstrar objetivamente o trabalho de psicanalistas que acompanham o desenvolvimento infantil. No caso do placebo anunciado antes, o que funcionou foi provavelmente a relação médico-paciente, que a cada dia se manifesta como elemento-chave dos tratamentos em geral. A prática psicanalítica permite depreender que a honestidade de revelar aos pacientes que iam tomar placebos pode ter contribuído para uma confiança no médico suficiente para induzi-los a modificar seus estados. Esta parece ter sido a razão pela qual Freud (1937a) afirmou que o processo psicanalítico não convive com o engano, quando se referiu às qualidades que o analista deve possuir para levar a análise a bom termo, em vista da participação de sua personalidade na ação terapêutica.

A articulação desses dados conduz à inelutável conclusão de que as mudanças psíquicas correspondem a alterações somáticas. Com o intuito de incluir essa conclusão no contexto de uma teoria psicanalítica abrangente, tentarei demonstrar, mediante breve histórico, como as linguagens psicanalítica e neurocientífica podem harmonizar-se de modo a caracterizar uma metapsicologia científica.

Freud talvez se referisse a algo semelhante à articulação aqui exposta quando acreditava ser a psicanálise uma ciência natural, cujas hipóteses seriam um dia explicáveis pela biologia (1950 [1895]; 1914c; 1920; 1940a [1938]; 1940b [1938]). Quando fez o estudo do ego e verificou sua origem corporal, Freud percebeu também as limitações da psicologia do reprimido. Foi categórico ao redefinir a finalidade da psicanálise, que deixou de ser tornar consciente o inconsciente e passou a ser o desenvolvimento do ego. Em vista de sua essência corporal, o ego pode ter o desenvolvimento prejudicado por falhas do objeto em prover as condições necessárias à melhor qualidade de vida (Freud, 1937a). Além do cumprimento do planejamento genético, o ego se estrutura mediante o registro de percepções, sobretudo do corpo e suas sensações, de onde derivam as identificações primárias indicativas de ligações afetivas anteriores às relações objetais (Freud, 1923a). Portanto, falhas estruturais do ego resultam de incapacidade do objeto para prover as necessidades afetivas do bebê, que internaliza objeto deficiente (mau). A reprodução transferencial desse ambiente primitivo cria condições para o analista tornar-se um bom objeto, característica com que é introjetado: reside aí sua capacidade de exercer a influência desejável sobre a estrutura psíquica do paciente.

Nunca é demais reiterar que, se admitirmos que a mente é a atividade do cérebro, a modificação do psiquismo implica alteração somática. Em outras palavras, sempre que uma mudança psíquica é notada, há uma correspondente alteração cerebral, se forem válidas as experiências neurocientíficas. Nesse sentido, o conceito de ego corporal é crucial. Quando dizemos que a introjeção do analista modifica o ego do paciente, devemos entender que, ao tornar-se bom objeto, a interação afetiva favorece o desenvolvimento de novos circuitos neurais; estes, embora resultantes de neurotransmissores secretados por reações emocionais, desenvolvem a cognição e regulam as emoções, de acordo com o já mencionado relato de neurocientistas. Se levarmos em conta o que acontece no cérebro durante interações afetivas, é lícito supor que o método psicanalítico é capaz de influir sobre tecido cerebral implicado em falhas de desenvolvimento. Ao falarmos em introjeção e mudança psíquica, apenas descrevemos em termos metapsicológicos o que ocorre neuroquimicamente. É lícito raciocinar dessa forma quando se acredita em um *continuum* cérebro-mente, sendo impensável do ponto de vista científico a existência de fenômeno psíquico que não seja expressão de algo se passando no cérebro. No que tange à fundamentação da ação terapêutica, existem fortes razões para crer-se no que está sendo descrito. Na pior das hipóteses, essa forma de examinar a psicanálise permite que pesquisas objetivas possam pôr esses pontos de vista à prova.

O afeto e a ação terapêutica – Novas perspectivas para a teoria da técnica **107**

Feitas estas apreciações, seguem-se exemplos de como o que foi exposto se apresenta na prática clínica. Não obstante dados neurocientíficos terem participado das conclusões teóricas, o relato clínico se cinge à terminologia estritamente psicanalítica, demonstração de que a busca de elementos de outras ciências não significa abrir mão de nosso método, mas, ao contrário, aperfeiçoá-lo.

Paciente A

Um paciente apresentava sentimento difuso de identidade e florido repertório de manifestações patológicas, sem caracterizarem, individualmente, um diagnóstico definido. Além de comportamento imaturo, tanto podia apresentar-se histérico, com conversões passageiras, histrionismo e identificações inconsistentes, como mostrar-se obsessivo, com controle tirânico, manifestações de sadismo anal e comportamento supersticioso. Apresentava impulsividade desmedida: os impulsos, apesar de costumeiramente enquistados no ego como traço de caráter – operosidade, dinamismo, determinação, inclinação para ações aventurescas –, dali se desencaminhavam com frequência, exprimindo-se como conversão, mecanismos projetivos, ou ações temerárias e destrutivas. Um pertinaz sentimento de autopiedade e ideação paranoide de autorreferência o levavam a sentir-se vítima do mundo, motivo alegado para eventuais condutas antissociais. Durante estado autorreferente, podia ter ideias delirantes, geralmente associadas a sentimentos de rejeição, estado em que costumava ter reações de "fúria narcísica" (Kohut, 1972). A inveja o predispunha a agressividade contumaz, apresentando três dos quatro fatores que Kernberg (1984, p. 290) descreveu como componentes do *narcisismo maligno*: "episódios paranoides micropsicóticos", autoataques como triunfo sobre o analista e desonestidade na transferência. Em razão da inexistência de quadro psicótico específico em que pudesse ser enquadrado e considerando a labilidade de suas múltiplas manifestações patológicas, julgo adequado classificar sua patologia como grave transtorno narcísico de personalidade, ou *borderline*.

O pai, psicótico crônico – lembrava-se dele nesse estado desde que a memória alcançava – tornara-se demente em pouco tempo. A mãe tinha importante transtorno narcísico de personalidade, mas cuidava do filho da maneira que lhe era possível, provendo-lhe o sustento e a educação, apesar da precariedade da relação afetiva que podia proporcionar. Sentia-se humilhado pela mãe na infância, que o tratava com severidade e frieza; sentia vergonha do pai – sendo muito idoso, parecia mais avô que pai, além de costumar ser internado em instituições psiquiátricas.

108 A ação terapêutica da psicanálise e a neurociência

Chegava sempre queixoso: de pessoas, em particular do analista, ou da vida, com ódio e impulsos de vingança, falando de desejos tanto homicidas quanto suicidas com naturalidade, como se fossem atos comuns praticáveis sem conflito. Nesse estado, qualquer tentativa de compreensão do que se passava era recebida com hostilidade. Inicialmente, tive a impressão de que procurava transformar o *setting* no ambiente familiar caótico, provocando-me para que o maltratasse como os pais o faziam. Agia assim em todos os ambientes, motivo por que não tinha relações duradouras, além de ser despedido de empregos com frequência. Tivera antes quatro experiências analíticas, interrompidas provavelmente por sentimentos contratransferenciais dos analistas. Em pouco tempo, me dei conta da inutilidade de interpretações do farto material oral, anal e fálico-edipiano que trazia: caiam no vazio, sendo às vezes recebidas com depreciação hostil. Alusões à natureza transferencial de suas atitudes eram recebidas com indiferença, zombaria ou, não raro, fúria. Não suportava ouvir o que estivesse fora de suas expectativas, reagindo raivosamente, tentando exercer poder tirânico sufocante. Na verdade, queria suprimir minha existência, como se eu devesse ser seu eco. Era-lhe penoso admitir minha existência como pessoa distinta, pois sua experiência com os primeiros objetos fora catastrófica. Por isso, eu deveria me acautelar para não parecer diferente, sendo difícil manejar uma situação em que não pudesse manifestar-me como outra pessoa, fato gerador de contratransferência negativa.

Na verdade, sinalizava a necessidade de estabelecer identificação primária comigo, em que não houvesse sujeito ou objeto. Apesar de no início a contratransferência negativa ter sido bastante incômoda, embora declinasse à medida que compreendia melhor o paciente, atraía-me o fato de alguém com aquela patologia, tendo vindo à luz sob o foco da loucura e passado infância e adolescência em ambiente insano, ter conseguido chegar à universidade, formar-se e casar-se, sem nunca ter aberto surto psicótico duradouro, apesar de ter vivido sempre de forma caótica. A iniciativa de analisar-se indicava a existência de parcela de ego suficientemente sadia para estabelecer aliança terapêutica e desenvolver-se a partir dela. Era um desafio encontrar acesso amistoso àquele ego cheio de desconfiança e dominado pela agressividade que desde criança teve de exercitar como defesa para sobreviver. Verifiquei ser necessário fazer o mínimo possível de interpretações, pois o ego gravemente lesado não podia elaborá-las – na verdade, em vez de pensar (no sentido de refletir), seu ego carecia antes de ser pensado (no sentido de pensar uma ferida), para adquirir a capacidade de refletir e elaborar.

Não cabia simplesmente apoiar o ego, como se faz em psicoterapias superficiais, mas de tratá-lo, isto é, reestruturá-lo e desenvolvê-lo, como se deve fazer em uma psicanálise verdadeiramente profunda.

Presenciei as situações descritas durante muitos anos. Para viabilizar a análise foi necessário perceber que o paciente não queria enlouquecer-me, ou transformar o *setting* no ambiente caótico da casa dos pais como repetição sado-masoquista. É evidente que a repetição envolve reprodução do ambiente primitivo, mas esta não parece ser sua finalidade, ou seja, não se trata de repetir por repetir. Uma vez que sua história pré-verbal era repetida (*acted-out*) nos mais diversos lugares, era rejeitado sistematicamente, razão pela qual não tinha alternativa senão procurar pessoas com características parecidas, com quem pudesse interagir, ainda que anarquicamente. Para romper esse círculo infernal, a repetição de sua história afetiva na análise tinha de ser compreendida em vez de rejeitada, de modo a não reproduzir os ambientes onde sempre viveu. Para que seus aspectos loucos fossem tratados, precisava trazê-los como expressão do ego estilhaçado, mas tinha de confiar na capacidade do analista de manter-se incólume perante sua loucura, não trocando a identificação empática pela introjetiva. Essa troca consistiria em internalizar o material do paciente em vez de compreendê-lo. Ao contrário do que eu supusera inicialmente, influenciado pelo pensamento de Klein, não queria colocar seus objetos maus dentro de mim para atacar-me ou controlar-me, mas representar sua loucura no palco analítico, participando comigo de uma peça em que eu seria diretor e um dos protagonistas, condição dupla do analista para compreender e ajudar o paciente. Era repetição com propósito de elaboração, como os sonhos repetitivos de acidente traumático para o qual não houve preparação, citados por Freud (1920). A necessidade de ligar sua energia psíquica livre precisava ser compreendida, para não continuar repetindo compulsivamente vida afora.

A contratransferência negativa provavelmente não é causada pela identificação projetiva em si, entendida esta como iniciativa do paciente de introduzir partes suas no analista com a finalidade precípua de atacá-lo ou controlá-lo. Na verdade, o paciente projeta para livrar-se de algo incômodo. A ideia de que o material projetado foi introduzido no analista faz parte da fantasia do paciente, que revela sua percepção distorcida: continua sendo algo da esfera do paciente, não tendo ação direta sobre o analista. Quando este se sente atacado ou controlado, situação em que manifesta um mal-estar indefinido, isto é, quando a identificação projetiva é exitosa, o analista abriga em seu inconsciente algo parecido com o material projetado. A identificação projetiva é fenômeno da mente do paciente que só repercute na do analista quando este tem algo parecido dentro de si, que o leva a identificar-se com o paciente. Assim, o sentimento contratransferencial é da responsabilidade do analista – ao incorporar o que é projetado pelo paciente, identifica-se introjetivamente com este em vez de compreendê-lo mediante a identificação empática.

Tratando-se de um detalhe técnico de suma importância, que diz respeito a fundamentos da ação terapêutica, é relevante esclarecer a questão da identificação projetiva, tendo em vista a impressão generalizada de ser ela um modo pelo qual o paciente evacua partes suas indesejáveis, introduzindo-as no mundo interno do analista, de modo a controlá-lo com insólito tipo de identificação; essa suposta introdução seria a causa do mal-estar do analista. É pouco provável que um estado subjetivo possa ser inculcado na mente de outra pessoa, como se fosse algo material. Essa suposição não parece coadunar-se com os conhecimentos científicos atuais. Parece mais razoável supor tratar-se de uma percepção inconsciente por parte do analista de estados emocionais do paciente. Uma vez que a emoção, por ser um afeto, é uma descarga secretora e vasomotora no interior do corpo, suas manifestações somáticas podem ser captadas de diversas formas, inclusive sob a forma de odores não percebidos de modo consciente, como a experiência relatada anteriormente a respeito de substâncias químicas excretadas nas lágrimas que sinalizam estados afetivos. A captação inconsciente desses afetos mobilizaria afetos similares no analista, que podem levá-lo a deduzir que estados semelhantes estão se passando com o paciente, sendo este o mecanismo de instalação da contratransferência.

Retornando ao ponto em que foi examinada metapsicologicamente a identificação no processo analítico, parece mais correto dizer que o mal-estar do analista nesses casos pode ser explicado por sua regressão a serviço da análise. Para sintonizar-se com o estado afetivo do paciente, o analista tem de identificar-se empaticamente com ele, fato que pode acarretar sofrimento em face de certos estados, particularmente os psicóticos. Faz parte da função do analista expor-se a esse risco, razão por que deve ter o ego suficientemente forte para dividir-se em uma parte que regride à identificação primária enquanto outra se mantém fora da regressão. As parcelas regredidas dos egos de analista e paciente convergem para uma identificação primária dupla e recíproca: no primeiro, manifesta-se como empatia, que o habilita a compreender o estado do paciente; no segundo, como introjeção, possibilita a internalização do analista como objeto bom que modificará seu mundo interno. A identificação empática resulta da capacidade do analista de regredir a serviço da análise; a introjetiva surge da regressão do paciente a serviço de seu ego. São dois processos semelhantes, mas distintos: a identificação empática implica sintonia com o estado emocional do analisando, ao passo que a introjetiva é estruturante, pois armazena a nova identificação primária como memória implícita emocional.

Eis o ponto nuclear da teoria da técnica: *a estruturação do ego na análise se dá como conhecimento implícito, que permanece inconsciente tanto quanto as experiências afetivas originais com os primeiros objetos*. Na identificação empática, o ego do analista é capaz de elaborar e neutralizar o que é percebido. Quando faz identificação introjetiva em lugar da empática, o analista revela incapacidade de elaborar o material percebido, circunstância em que tende a internalizar a loucura do paciente, motivo por que se sente mal. Para proteger-se, arregimenta mecanismos de defesa, às vezes radicais, que desviam a análise de sua finalidade. Uma dessas defesas consiste em uma espécie de "contraprojeção", por meio da qual a responsabilidade do mal-estar contratransferencial é atribuída ao paciente – foi este quem quis provocar esse estado no analista. Essa distorção perverte o andamento normal da análise, revelando a dificuldade do analista em assumir o despreparo de seu ego para aquela situação, circunstância em que a análise costuma chegar a um impasse, ou tornar-se superficial. Nesse caso, é removida a pedra angular da recuperação do paciente, pois *o ego do analista é a peça fundamental da ação terapêutica*.

Penso que o paciente captaria atitude minha que revelasse inclinação a imputar-lhe a responsabilidade pelo mal-estar contratransferencial, já que sua finalidade não era fazer-me mal, mas livrar-se do sofrimento. Ou, se queria atacar-me, o verdadeiro alvo era um objeto internalizado como mau projetado em mim. O fato de querer projetar esse objeto mau no analista não implica efetivamente ter êxito em seu projeto, pois se trata de coisa exclusivamente de seu mundo interno. Se o analista for ciente disto, limita-se a fazer identificação empático-perceptiva, mediante a qual poderá ser introjetado como bom objeto. Se não for capaz de perceber o que se passa, isto é, se identificar-se introjetivamente com o paciente, sente-se mal e seu mal-estar o impede de ser o bom objeto de identificação. Em qualquer circunstância, o material projetado pertence ao paciente, ainda que a projeção seja exitosa, isto é, se o analista sentir-se mal. Dessa forma, o paciente não pode ser beneficiado, tendo de repetir esse processo.

É por meio da compreensão desse estado de coisas que o analista oferece um novo modelo de relação, com a qual o paciente se identifica para mudar o paradigma anterior. Antes, a descomunal inveja levava o paciente a dirigir-me ofensas que incluíam ameaça de ação judicial – pertencendo à área jurídica, acusava-me, em estado delirante, de prejudicá-lo cobrando-lhe honorários elevados e prolongando o tratamento de maneira dolosa. A inveja dificultava-lhe as relações sociais, induzindo-o a curiosidade exacerbada, com a qual se imiscuía de modo inconveniente na intimidade das pessoas, que se sentiam constrangidas. A inveja levava-o também a depreciar pessoas que apresentassem qualquer qualidade, constituindo sério entrave para a análise, pois, se melhorasse, tinha de reconhecer algum valor em mim, e isso tinha de ser negado fervorosamente.

Às vezes, chegava em estado alterado, um perfeito energúmeno, queixando-se de mim de modo insolente. Ao perceber a ineficácia de minha atitude inicialmente interpretativa em face desse estado, pude perceber que manifestava descarga epileptoide que tinha de cumprir-se até o fim, quando então se acalmava e podia ouvir-me. Compreendi que meu papel naquelas situações tinha de ser o de uma espécie de exorcista silencioso, capaz de mostrar-se mais forte que o demônio a ser expelido e domado. Fortaleza ali significava não se sentir atingido, ou seja, manifestar genuína capacidade de compreensão. Depois de descarga tempestuosa, tornava-se possível um diálogo esclarecedor, findo o qual o paciente sentia-se tranquilo. Poder-se-ia atribuir a acalmia às interpretações, construções e esclarecimentos que se tornavam factíveis nessas circunstâncias, mas atribuo-lhes esse efeito apenas em parte. O fator primordial era a confiança surgida da compreensão da necessidade que o paciente tinha de liberar-se de seus demônios. A compreensão era empática e ensejava a justaposição da identificação introjetiva do paciente. Cada vez que atuava sua loucura sem que eu enlouquecesse junto, sentia-se confiante, podendo internalizar o objeto acolhedor e modificar a estrutura tomada pelos objetos psicóticos. Deve ser ressaltado que, embora tudo isso se passe em nível do conhecimento implícito do ego inconsciente, sem acesso à consciência, o ego observador do analista acompanha todo o processo, podendo levá-lo ao conhecimento do paciente em um momento oportuno.

Deve ser registrado que durante experiência analítica anterior o paciente mantivera um tratamento psiquiátrico simultâneo, fazendo uso de uma associa-

O afeto e a ação terapêutica – Novas perspectivas para a teoria da técnica   **113**

ção de benzodiazepínico com antidepressivo tricíclico (tinha alteração inespecífica do EEG). Ainda usava a medicação ao iniciar a análise comigo, queixando-se de que as reações colaterais dificultavam a rotina de vida. Não opinei sobre esse tratamento, interrompido de certo modo com a anuência do psiquiatra, cerca de um ano depois de iniciada a análise.

Penso que ter conseguido compreender o paciente sem me misturar com seu estado foi fundamental para que não me sentisse ofendido ou ameaçado pela agressividade verbal. Essa compreensão possibilitou amenizar a impulsividade e transformar em positiva o que foi durante anos uma contundente transferência negativa.

O processo durou mais de dez anos como processo contínuo, com frequência de quatro sessões semanais, tendo o paciente retornado posteriormente, em períodos mais curtos, para fazer revisões em situações específicas, com duas sessões semanais. A análise, tanto na primeira fase, quanto nas posteriores, transcorreu na linha descrita, com as partes observadoras dos dois egos dialogando sobre as experiências das partes que regrediram. A compreensão empática e o diálogo sobre os acontecimentos do aqui e agora facultaram a obtenção de muitos progressos, com transformações na mente do paciente e conquistas na vida cotidiana, malgrado restarem vestígios de falhas estruturais que não prejudicavam de maneira significativa nem a ele, nem a outras pessoas. Considero quase um milagre da psicanálise poder manter um processo tão tormentoso durante duas dezenas de anos sem uso de auxílio externo – não houve internação hospitalar, ou mesmo uso de medicação, à exceção do mencionado período inicial. Teria sido lamentável se recursos extra-analíticos tivessem de ser usados, pois impediriam a profundidade da relação intersubjetiva necessária para a obtenção de mudanças profundas. A reestruturação psíquica costuma ser prejudicada quando o *setting* sofre alterações, pois este é o indutor essencial da transferência. Em casos como este, manter o *setting* constitui um difícil desafio, pois o paciente tende a destruí-lo como manifestação de estados psicóticos, havendo necessidade de ser rigoroso para preservá-lo e, ao mesmo tempo, flexível para permitir a repetição transferencial, acompanhá-la e depois desfazê-la. Creio que a quebra do *setting*, preconizada por Stern et al. (1998), assim como muitos outros que não se balizam pela metapsicologia, inviabilizaria o desenvolvimento da análise.

Paciente B

Apresento também um caso exposto anteriormente (Andrade, 1993), agora como ilustração de psicanálise de amplo espectro ancorada em fundamentos neurocientíficos. Trata-se de paciente também com transtorno de personalidade, apresentando comportamento semelhante ao anterior, mas em intensidade muito menor. Queixava-se de sentimento vago, de não encontrar um espaço na vida. Tinha baixa autoestima e sentimento de rejeição social, camuflado por aparente ar de superioridade, por meio do qual fazia críticas depreciativas a pessoas com quem não tinha afinidade, geralmente como manifestação de inveja. Apesar de intensa participação em atividades sociais, apresentava humor deprimido, com história de tentativa de suicídio. Em poucos meses mostrou material relacionado com a queixa principal: (1) esqueceu os documentos no táxi a caminho da análise; (2) sonhou que perdera a carteira de identidade, tendo esta sido encaminhada à universidade, onde soube que só seria devolvida à sua mãe; mas foi ele quem recebeu a carteira, observando com espanto que tinha o rosto da mãe – ela era ele; (3) em outro sonho, despencou de lugar elevado e seu corpo se espatifou no chão, com fraturas múltiplas; passantes aglomeraram-se em torno do cadáver, cujos comentários ouvia, apesar de saber-se morto; o analista aproximou-se, segurando-lhe a mão sem nada dizer; mas o corpo estava íntegro como se nada tivesse acontecido.

Esse material se relaciona com a difusão da identidade, sendo assim interpretado. Há nele, entretanto, aspectos bastante inteligíveis cuja interpretação não os tornariam conscientes. Acredito que esses sonhos reportam-se a vivências de nascimento deslocadas para experiências posteriores. Entremesclado com experiências posteriores, o trauma primordial armazenado em algum lugar ressurgia como repetição em busca de ligação da energia livre (Freud, 1920). A ligação não vem de elaboração proveniente de interpretação. O próprio material de um dos sonhos revela como ela ocorre. A multidão falante que toma o corpo inerte como morto sugere objetos incapazes de compreender as necessidades do bebê no nascimento, que foi mantido em estado de angústia catastrófica por período longo. A atitude do analista, cujo gesto de segurar a mão reintegrou o corpo, mostra que a restauração do ego seria obtida antes pela empatia que pelas interpretações. No outro sonho, relacionado ao estágio oral de identificação primária (pré-verbal), em que mãe e filho estão indiferenciados, o paciente mostra não ser capaz de adquirir sua identidade, necessitando que o analista se identifique com ele para, na condição de ego fusionado, conferir-lhe a noção de si mesmo.

Outro episódio passou-se na situação analítica. O paciente chegava atrasado sistematicamente, ficando alguns minutos em silêncio. Interpretei diversas vezes essas atuações como resistência, sem que o comportamento se modificasse, razão por que resolvi ficar também em silêncio, procurando entender o significado do procedimento. Um dia o silêncio foi inusitadamente prolongado, com uma diferença: seu corpo permanecia imóvel. Mantive-me em silêncio, perscrutando o que acontecia. Depois de cerca de vinte minutos, levantou-se, sentou-se no divã, tendo a cabeça reclinada na direção dos joelhos, envolvida pelas mãos. Ergueu-se, dirigindo-se em silêncio a uma poltrona. Acendeu um cigarro, deu duas ou três tragadas, apagou-o e me agradeceu comovido a permissão para fumar. Contou, com choro manso de alívio e calma, que sentira forte pressão no peito, como se o corpo estivesse engessado e não pudesse mover-se. Sentira-se morto, apesar de saber-se vivo.

Esse paciente nasceu de parto distócico, depois de conseguir sobreviver a uma gravidez tumultuada, na qual a mãe fora pressionada a usar métodos abortivos para eliminar o feto. Sua infância foi povoada de episódios fortemente negativos, em que a mãe tinha de proteger a si mesma e aos filhos dos momentos de embriaguez do pai. Aprendeu a adaptar-se como pôde, desenvolvendo um ego com falhas importantes. Tinha um sentimento de exclusão social, situando-se sempre à margem dos grupos, esforçando-se para sentir-se aceito, às vezes usando métodos antissociais para sentir-se valorizado. Por meio do silêncio, da opressão no peito e do tabagismo, encenava o episódio do parto distócico. Além da hipóxia perinatal, o cigarro parecia também mostrar a necessidade que teve de conviver com o método destrutivo do pai, com quem precisou identificar-se para sobreviver, sendo algumas das atuações antissociais manifestação dessa identificação.

O mal-estar existencial que o levou a me procurar mostrava que queria mudar o paradigma repetitivo de conduta, mas não conseguia fazê-lo sozinho. Precisava repassar sua vida, revivendo-a com alguém que pudesse compreendê-lo sem censurá-lo, para introjetar um bom objeto e adquirir novo modelo de conduta. Entra aqui uma parte do que Fonagy (1999) e Stern *et al.* (1988) mostraram em relação à memória de procedimento, ao atribuir a mudança operada pela psicanálise à modificação do automatismo anterior mediante a nova experiência com outro objeto. Sem dúvida isso ocorre, só que não apenas isso. Em minha visão, a ligação afetiva conducente à modificação do automatismo comportamental age também sobre o desenvolvimento do ego por meio da identificação introjetiva.

Aprofundando a visão metapsicológica, veremos que o ego psíquico tem sua vertente corporal, de onde poderemos vislumbrar uma correspondência entre a ação da internalização e a liberação de neurotransmissor do mesencéfalo no córtex pré-frontal, de acordo com o relato de Schore referido antes. Ademais, isso não ocorre apenas como automatismo repetitivo, mas como expressão de emoção. Seria unilateral considerar essas emoções apenas do ponto de vista de experiência armazenada subcorticalmente. Há de se considerar a influência negativa de experiências afetivas inadequadas sobre o desenvolvimento cognitivo (cortical). O método psicanalítico seria capaz de compensar as experiências negativas, propiciando relações positivas. Como já foi mostrado, a relação afetiva parece ter papel real de ampliação de circuitos neurais na área cognitiva, com aumento da regulação desta sobre os afetos. Em termos psicanalíticos, podemos chamar isso de reestruturação do ego psíquico propriamente dito por meio do ego corporal, mediante mecanismo de introjeção de objeto bom.

A relação atual analista–paciente e a situação analítica

Os episódios clínicos descritos dizem respeito a vivências da fase pré-verbal, não sendo passíveis de rememoração. A impossibilidade de lembrança consciente não impede que o analista, em situação transferencial favorável, converse com o paciente sobre suas impressões a respeito de fatos ocorridos em tempos imemoriais que se manifestaram no comportamento atual. O diálogo inclui interpretações do reprimido surgido em sonhos, associações verbais e seus correlatos, sem se restringir a isso. Envolve também conversa direta sobre a relação analítica, às vezes de cunho pedagógico, com comentários sobre a história colhida do material transferencial ou de atuações externas. Não objetiva resgatar lembranças irrecuperáveis, mas transmitir conhecimento adequado sobre o procedimento do paciente. Se apoiado em confiança básica da qual o analista se faz merecedor, o conhecimento transmitido pelo analista incorpora-se ao acervo de memória explícita, estruturando o polo cognitivo da personalidade e desenvolvendo a capacidade de regular as emoções, além de fortalecer a autoestima enquanto simultaneamente novas memórias implícitas vão, aos poucos, modificando o

O afeto e a ação terapêutica – Novas perspectivas para a teoria da técnica **117**

padrão repetitivo anterior. Essa etapa cognitiva é a consumação do processo psicanalítico, tendo a função de organizar a virada ocasionada pela dupla identificação primária empático-introjetiva.

Esse coroamento da análise é explicável pela metapsicologia freudiana, a qual se deve recorrer mais uma vez. A atuação transferencial representa o deslocamento de quota de afeto das representações não rememoráveis para situações atuais, isto é, para experiências no presente. A atuação em si não conduz a mudança psíquica, pois, cessada a conduta, a quota de afeto nela contida retorna à representação-coisa da estrutura afetiva inconsciente a que está originalmente ligada, de onde voltará a repetir-se nas mais diversas situações de vida. Sendo a análise uma dessas circunstâncias de vida, a repetição, ao contrário do que acontece fora da análise, pode ser compreendida pelo analista, que se comporta em face da atuação do paciente de forma diferente da reação dos outros objetos, ou seja, a quota de afeto vincula-se à relação com o analista. A atitude compreensiva do analista, além de facultar o surgimento de novas memórias implícitas, possibilita que as memórias implícitas anteriores (estruturas afetivas inconscientes) sejam esvaziadas de suas quotas de afeto, que são transferidas para a relação analítica. Desocupadas dessas quotas de afeto, as representações correspondentes às memórias implícitas antigas perdem a força impelente à repetição, favorecendo o estabelecimento de um novo padrão afetivo de relação objetal responsável pela mudança de conduta. Parte das quotas de afeto deslocadas destina-se à identificação primária, formando novas memórias implícitas, porém, outra parte se localiza na relação atual (real, não transferencial) com o analista. A força dessa quota de afeto aplicada no analista faz com que as explicações deste sobre os acontecimentos das primeiras etapas do desenvolvimento, incluindo não só os grandes traumas, como o do nascimento, mas também os microtraumas cumulativos do cotidiano, sejam incorporados pelo paciente como memória explícita, por meio da qual pode adquirir convicção sobre fatos que permanecerão não lembrados.

Pode-se verificar que a relação analítica não se cinge à transferência, estando isto subentendido no fato de haver uma parcela de ego, tanto do analista quanto do paciente, que fica fora da regressão. O diálogo analítico se verifica entre essas duas partes, das quais depende a aliança terapêutica indutora da situação analítica. A confiança básica depositada no analista, que viabiliza a aliança terapêutica, requer que este não confunda a transferência com a relação atual, fato que implica tratar o paciente como pessoa adulta com quem é estabelecida uma *rela-*

ção analítica. O destaque em itálico tem a finalidade de mostrar que, apesar de a relação analítica pressupor encontro cordial entre pessoas adultas, não deve ser confundida com a relação afetiva comum, que o paciente pode ter com qualquer pessoa – a relação analítica é tão única quanto a parental. A confusão entre a relação transferencial e a real é um desvirtuamento da situação analítica, pois a atitude do analista em face da transferência é condição *sine qua non* das mudanças estruturais.

Por isso, os "momentos de encontro", que para Stern et al. (1998) justificariam a quebra da situação analítica e a dissolução do *setting*, são antes relações afetivas comuns que analíticas. Os "momentos de encontro", concebidos com engenhosidade pelos autores, descrevem magistralmente o que ocorre na relação analítica, mas sua não inserção em uma teoria mais ampla da mente leva a desconsiderar que o ego do analista, regredido para possibilitar o "momento de encontro" com o paciente, é o mesmo que se mantém fora da regressão e dialoga com a parte não regredida do paciente. Portanto, a dissociação funcional do ego não deve ser confundida com uma dissociação real, que representaria patologia. Uma vez que o *setting* é cenário indispensável para a atuação transferencial, é fundamental que o analista preserve a situação analítica, impedindo-a de transformar-se em um encontro entre duas pessoas quaisquer, pois sua manutenção é a garantia de surgimento de novos momentos de encontro, que ocorrem no decurso de toda a análise e são responsáveis pela modificação da mente.

O papel da interpretação e de outros procedimentos de natureza cognitiva

Os exemplos clínicos relatados reforçam a ideia que a ação terapêutica surge da reconstituição do ambiente onde se deram as experiências emocionais mais remotas e significativas, havendo um desabrochar espontâneo da cognição a partir dessa base afetiva, em que o analista se apresenta como objeto diferente do original. O método psicanalítico clássico baseado na interpretação e seus correlatos, por situar-se em nível verbal cognitivo, forma a superestrutura indispensável para a organização da mente surgida do núcleo afetivo. Como foi visto antes, é fundamental não perder de vista a importância desse papel integrador da interpretação no diálogo analítico, pois a ênfase posta aqui na transferência pode dar a falsa impressão de que só ela é importante. Na verdade, a própria transferência

O afeto e a ação terapêutica – Novas perspectivas para a teoria da técnica **119**

não é uma finalidade em si, sendo uma etapa transicional para a identificação empático-introjetiva, esta sim o fator indutor da mudança, que se completa com o diálogo verbal. Usado como recurso terapêutico primário, o método interpretativo pode ser útil apenas em patologias que envolvam estágios verbais de desenvolvimento, correspondentes a memórias explícitas. Este método, apesar de adotado com exclusividade durante quase um século, por ser superestrutural, é parcial e não atende isoladamente às necessidades de uma psicanálise de amplo espectro, além de não acompanhar o conhecimento científico atual. Por outro lado, sem ele, o que se adquire com a parte apenas afetiva do processo fica incompleto. Assim, ambos os fatores, se tomados unilateralmente, constituem uma psicanálise de espectro restrito. A psicanálise total deve englobar ambos os fatores: priorização do fator afetivo da relação intersubjetiva e uso do diálogo verbal como fator essencial de integração e consolidação.

Uma vez que a moderna visão da ação terapêutica implica o aprofundamento nos estágios iniciais da mente, faz-se mister entendê-los. Como é bem sabido, Freud (1900) considerou o sonho o mais nobre caminho para o inconsciente. Porém, disse também que a interpretação do sonho trouxe apenas a solução para seu aspecto psíquico, mas não para o metapsíquico, termo a que deu o significado de biológico, como fator pré-histórico da mente. Portanto, o sonho, além de permitir entrar no inconsciente e decifrar as fantasias inconscientes que se expressam como sintomas neuróticos, estabelece uma ponte entre o biológico e o psíquico. Por conseguinte, uma visão metapsicológica da mente, que implica chegar à fronteira do biológico, deve abarcar uma compreensão mais abrangente possível do sonho, em uma perspectiva que inclua as descobertas da ciência atual. Esse será o tema do próximo capítulo.

capítulo 7

O sonho como estado primordial da mente – A conduta analítica em face do narcisismo primário revelado no sonho

Freud e os sonhos situados além do desejo

É sobejamente conhecido que Freud considerou o sonho a realização alucinatória de um desejo. Entretanto, apesar de ter afirmado que desvendou o segredo dos sonhos em 24 de julho de 1895 (1900, p. 121, n.1), Freud declarou, em carta a Fliess de 10 de março de 1898: "Parece-me que a teoria da realização do desejo trouxe apenas a solução psicológica e não a biológica – ou, antes, a metapsíquica" (1985 [1887-1904], p. 301). Ele considerava o fator biológico a pré-história da mente, que abrangia a fase pré-verbal do desenvolvimento. Mesmo desconhecendo aqueles aspectos recônditos e distantes, pouco depois atribuiu ao sonho a função de ligar a energia livre, desenvolvendo raciocínio por meio do qual é lícito inferir que o sonho realiza, por via inconsciente, uma espécie de *psicoterapia natural* a cada noite (Freud, 1900, pp. 577-579). Visto que mais tarde referiu-se à ligação de energia como a mais primária das funções psíquicas, que precede até mesmo o princípio do prazer, Freud mostrou o sonho indo além da realização de desejo (1920, pp. 31-32). Embora a função de ligar seja anterior e mais básica, não retira a importância do princípio do prazer surgido depois. Da mesma forma, os aspectos biológicos ("metapsíquicos") do sonho não eliminam o papel psicológico de realização de desejo.

A neurociência atual permite vislumbrar a "solução metapsíquica", de modo a desvendar a pré-história da mente. Inicialmente, diante de observações laboratoriais demonstrativas da natureza biológica do sonho, alguns neurocientistas julgaram as formulações psicológicas de Freud sem validade científica. Hobson, por exemplo (1994; 2003; 2005), acreditou ter demolido a obra freudiana, mas na verdade mostrou conhecê-la superficialmente, pois muitas de suas observações confirmam as descrições psicológicas que imaginou estar derruindo, como veremos adiante. Antes, descreverei sucintamente o pensamento de neurocientistas que supuseram destruir a obra de Freud, para mostrar depois o equívoco dessa pretensão.

Aspectos neurobiológicos do sonho

Hobson, seguindo tendência que se tornou consensual entre os neurocientistas a partir da descoberta do fenômeno REM em 1953, vê o sonho como consequência do sono REM. Encarado dessa forma, seria um processo fisiológico sem significação psicológica especial com início em disparos aleatórios de neurônios do tronco encefálico que convulsionam o cérebro como um ataque epiléptico. Para ordenar o caos instaurado por esses disparos, o córtex engendra fantasias sob a forma de fabulações, à semelhança do que faz uma pessoa quando solicitada a dizer o que lhe sugerem manchas produzidas aleatoriamente, como no teste de Rorschah (Hobson, 1994, pp. 92-93).

Acredita-se que o sono REM e, em consequência, o sonho possa ter surgido há cerca de 140 milhões de anos, apresentando-se em todos os mamíferos vivíparos, hipótese sinalizadora de seu papel significativo na preservação da vida (Winson, 2002, p. 55). Crick e Mitchison apontam como sua finalidade uma espécie de "aprendizagem reversa", por meio da qual os animais se livrariam de informações inúteis para a vida. Seria uma espécie de otimização higiênica do sistema de informática do cérebro, sem a qual este não funcionaria direito (Crick & Mitchison, 1983, pp. 112-113). Essa limpeza seria fundamental, pois, como sugere Hobson (1994), a mente é um conjunto de informações armazenadas no cérebro como os sinais do código Morse. Como *bits* de computadores, os sinais constituem representações de tudo que chega ao cérebro por meio dos *inputs* sensoriais.

A consciência resultaria da percepção de algumas dessas informações. Segundo a hipótese Crick-Mitchison, o sonho eliminaria informações desnecessárias que sobrecarregariam o sistema de comunicações constitutivo da mente.

Hobson (1994; 2001), à semelhança de outros neurocientistas, descreve a mente e o cérebro como um sistema fechado, autossuficiente na geração de energia e configurado geneticamente para produzir ações necessárias à preservação da vida. Quando a pré-programação se materializa em uma ação (real), o movimento inerente à ação é percebido sensorialmente e inscrito como representação (virtual). Assim se constitui a célula germinal da mente. A presença do sonho em todos os mamíferos confirma a disposição genética, evidenciada na observação de que o feto passa cerca de oito horas por dia sonhando, isto é, apresentando o fenômeno REM. Para Hobson, os movimentos fetais seriam um treinamento de ações pré-programadas geneticamente para se tornarem comportamentos a serviço da vida. Nesses termos, a ereção peniana intraútero seria um exercício do planejamento genético necessário à função sexual futura. O mesmo pode ser dito do sorriso do feto em relação à comunicação afetiva posterior. O sensório do nascituro seria expressão de uma tendência inata para registrar percepções como representações mentais (Hobson, 1994, p. 143).

Por sua vez, ao teorizarem que o crescimento das células e a multiplicação das sinapses formam representações espúrias no cérebro do feto que devem ser eliminadas pelo sonho, Crick e Mitchison (1983, p. 113) admitem, *ipso facto*, que o desenvolvimento das células corporais pode ser representado no cérebro, mediante uma espécie de propriocepção. Hobson sugere que as experiências diárias constituem memórias temporárias, que são transformadas em definitivas pelo sono REM, estado em que se juntam ao acervo de representações armazenadas desde a fase fetal. Especula que o sonho é uma espécie de experiência virtual, em que a ação futura é testada sem perigo de tornar-se realidade, uma vez que a ação muscular está interditada. "Sonhamos para que possamos aprender" (Hobson, 1994, p. 144); "o sono REM [é] a mãe de todos os procedimentos" (p. 145).

O sonho seria então o estado primordial da mente, que se modificaria pelos *inputs* sensoriais. Essa posição é compartilhada por Llinás e Paré, para quem a relação do sistema nervoso central com a realidade externa é apenas indireta: "o sonho e a vigília são tão semelhantes dos pontos de vista eletrofisiológico e neurológico que a vigília pode ser descrita como um estado de sono modulado por *inputs* sensoriais" (1996, p. 6).

Convergências e divergências entre a psicanálise e a neurobiologia

Referi-me a cientistas que estudaram o sonho do ponto de vista do sono REM, apesar da evidência de que o fenômeno onírico não se restringe a esse estado. Solms (2003) rejeita que o sonho seja causado pelo sono REM, localizando-o em circuitos corticais ligados ao sistema límbico, em oposição aos autores supracitados. Diversos autores confirmam a tese de Solms, mas sustentam que a participação cortical não invalida a participação do fenômeno REM no sonho (Gottesmann, 2003, pp. 152-154; Greenberg, 2003, pp. 154-156; Hartmann, 2003, pp. 158-161; Panksepp, 2003, pp. 200-202). Na mesma linha, Crick e Mitchison (1983) não só admitem o sonho não REM, como também consideram a participação cortical no sonho REM. Mesmo Hobson (1994) atribui ao córtex a ordenação do caos provocado pelos neurônios do tronco encefálico. Suponho que Solms refuta a tese dos que limitam o sonho ao sono REM com o intuito de desfazer a pretensão desses pesquisadores de invalidar a interpretação freudiana. Contudo, esses autores, sem perceberem, confirmam algumas das postulações mais fundamentais de Freud de modo até surpreendente.

A psicanálise estuda fenômenos inconscientes por ela descobertos há mais de um século, cuja existência só agora está sendo constatada pela neurociência. Apesar de se referirem ao mesmo fenômeno, as duas ciências usam instrumentos diferentes e inconfundíveis. A neurociência não vai além de dizer que certa área do cérebro está em funcionamento quando alguém tem uma impressão subjetiva; provavelmente, poderá chegar à sofisticação de revelar diferenças de níveis de potenciais elétricos, ou mesmo quantificar íons geradores da eletricidade correspondente aos *bits* da alma. Mas não é de supor que possa revelar a experiência da subjetividade em si: isto é assunto da psicologia.

Consideremos a seguinte afirmação de Hobson: "O movimento é a chave para aprender. [...] Para os bebês sobreviverem no mundo, precisam nascer sabendo como fazer certas coisas. [...] Os instintos são mais ou menos coleções de procedimentos" (1994, p. 143). Pretende dizer que as codificações formadoras das primeiras representações surgem das ações por meio das quais disposições genéticas são postas em prática – as representações são produto do movimento. Portanto, apesar de existirem previamente, as inscrições genéticas só se exteriorizam e se tornam observáveis por meio de *atos* instintivos.

Porém, não se pode deixar de levar em conta que esses atos implicam interação com objetos, e o registro mnêmico dessa interação modela a mente do bebê desde o nascimento, como Freud mostrou ao traçar a gênese do desejo (1900, p. 564-567). Essa mesma interação é usada pelo analista para penetrar na subjetividade do paciente; ou seja, um método intersubjetivo é o instrumento usado para revelar a mente intrassubjetiva. A neurociência ocupa-se dos aspectos anátomo-fisiológicos e neuroquímicos desses fenômenos, sem atingir seus matizes subjetivos. No que concerne à subjetividade, só quem transita no mundo psíquico parece apto a usar dados neurocientíficos para retificar suas observações. Quando o neurocientista tenta desqualificar o especialista em psicologia profunda, de um modo geral revela desconhecimento da subjetividade e, sobretudo, da intersubjetividade.

É certo que as observações subjetivas estão sujeitas a incorreções, devendo valer-se de dados objetivos capazes de balizá-las e confirmá-las. Entretanto, é pouco provável que estejam globalmente incorretas quando se mantêm por mais de um século e são testadas clinicamente em todos os quadrantes do planeta. Nesse sentido, a neurociência parece validar conceitos metapsicológicos fundamentais de Freud, como se verá a seguir.

O narcisismo primário como estado primordial da mente

O sistema fechado proposto por neurocientistas, que pressupõe um psiquismo fetal, com células geradoras de energia própria, confirma o narcisismo primário conceituado por Freud. A ideia de que as representações se iniciam com o movimento fetal reforça o conceito de ego corporal e contribui para compreendê-lo melhor, além de abrir largo campo para examiná-lo como ego psíquico. A confirmação do narcisismo primário original é auspiciosa para a psicanálise, pois sua revelação no sonho permite acompanhar a evolução para a etapa objetal, bem como usar instrumental técnico confiável para o manejo da patologia narcísica.

A tempestade neuronal epileptiforme do fenômeno REM descrita por Hobson implica revolvimento de amplo conjunto de representações, abrangendo estruturas corticais e aquelas correspondentes a planejamentos inscritos como desejos não realizados, como o próprio autor mostra ao dizer que o sonho é um "teste de Rorschah fisiológico" no qual os desejos são projetados (1994, p. 93).

126 A ação terapêutica da psicanálise e a neurociência

O fato de outras representações estarem incluídas não exclui a presença desses desejos. Acresce que Freud não se ateve à realização de desejo; tinha noção da função mais ampla do sonho, como foi dito antes. Com efeito, relata sonhos "anti-desejo", que reproduzem estados anteriores de sofrimento, como acontecimentos traumáticos e repetições transferenciais de afetos negativos durante o processo analítico (Freud, 1920, pp. 31-35).

Se levarmos em conta a observação de que durante o sonho todo o conteúdo de representações entra em efervescência para a absorção de novas memórias surgidas durante o dia, temos que a cada noite toda a mente nos é apresentada caoticamente, sendo seu conteúdo passível de compreensão por quem se dedicar a decifrá-lo a partir da fabulação feita pelo córtex como forma de ordenar o caos, como observou Hobson (1994). É irrelevante para o psicanalista se a compreensão de alguns neurocientistas sobre o significado subjetivo dos sonhos coincide ou não com a sua: a subjetividade é nosso campo e não temos por que hesitar em explorá-lo. É alvissareira a confirmação da possibilidade de acesso, por meio do sonho, a um amplo conjunto de representações. Todavia, outras descobertas neurocientíficas nos advertem de que devemos fazer correções na interpretação e no exame de aspectos inconscientes relacionados a estados não verbais – embora tendo acesso a estes, nem sempre o analista deve interpretá-los.

A esse respeito, nunca pode deixar de ser lembrada, em qualquer reflexão sobre a interface entre a psicanálise e a neurociência, a existência de duas espécies de memória: a explícita, passível de evocação, e a implícita, que não pode tornar-se consciente. Por isso, devemos perder a esperança de fazermos o paciente ter consciência de algumas de suas representações. Se persistirmos nesse erro, estaremos apenas fornecendo novas representações verbais diferentes das primitivas – estas não são verbais e se incluem no período chamado acima de "metapsíquico", ou "biológico". O próprio Freud já se referia à impossibilidade de interpretações e construções fazerem o paciente se lembrar de alguns eventos de sua história (1937b, pp. 265-266). Desde que a importância da relação objetal começou a ser enfatizada, a tendência da psicanálise é privilegiar a intersubjetividade, na medida em que as limitações da interpretação do reprimido tornaram-se evidentes, ao mesmo tempo que a relação surgida da transferência tem-se mostrado o instrumento mais eficaz de mudança psíquica.

A expressão do narcisismo primário no sonho

Se a interpretação tem limitações, a relação intersubjetiva transferencial como fator de conhecimento intrassubjetivo também as possui, por não oferecer o acesso adequado ao núcleo narcísico original. Por mais que as representações pré-verbais das relações objetais primitivas sejam atuadas no *setting*, componentes anobjetais da suma intimidade do sujeito não surgem no *enactment* transferencial. Por constituírem os estados iniciais da mente, esses aspectos narcísicos só podem ser detectados no sonho, que é a mente primordial. É verdade que fazem parte de uma memória irremediavelmente inconsciente, daí ser inútil interpretá-los. Entretanto, sua apreensão fornece informação inestimável sobre o núcleo da personalidade, ensejando a orientação da conduta do analista. Em certas circunstâncias, pode ser obtido até um discernimento entre o que é inerente ao paciente e o que foi adquirido na relação objetal primitiva. Essa compreensão enseja uma percepção aguda do processo analítico, podendo estabelecer uma estratégia realista quanto ao rumo da análise. Embora o narcisismo primário original só tenha manifestação plena no útero, continua fazendo parte da personalidade adulta em estado latente, podendo regredir à condição originária em situação normal (sonho) e patológica (psicose), como mostra Freud (1917a [1915]).

Considerando que o sonho se passa sem a participação da realidade externa, é nele que o narcisismo original se apresenta, revelando como a mente primitiva se constituiu. Como vimos, ela surgiu do narcisismo primário absoluto modificado pelos *inputs* trazidos pelos objetos, como Freud mostrou desde o início e neurocientistas confirmam sem se darem conta. Acompanhando essa trajetória de gênese e desenvolvimento, pode-se ter ideia do peso dos fatores narcísico e objetal na personalidade. Embora o acompanhamento possa, em parte, ser feito pela empatia surgida na relação objetal, bem como pela interpretação de elementos fornecidos pelas associações livres, o rastreamento completo só se realiza por meio da compreensão do sonho.

A consciência onírica e a fantasia inconsciente

Hobson mostra ao longo de toda a sua obra que sonho e vigília constituem dois diferentes estados de consciência, mas com eletrofisiologia similar. A consciência onírica parece fato indisputável, tanto que, quando se acorda durante o

128 A ação terapêutica da psicanálise e a neurociência

sonho, tem-se certeza de que o cenário onírico é real; só depois é que a certeza se transforma em impressão. Mesmo que a consciência de vigília esteja predominando ao despertar e seja responsável pela contextualização do que se passou no sonho, há uma ideia clara de ter-se estado em uma realidade diferente da de vigília. Nesse caso, à semelhança do que Freud chamou de "sentimento inconsciente de culpa" (1923a, p. 27) seria possível, paradoxalmente, denominar a consciência onírica de "consciência inconsciente", já que só reconhecemos como genuína a consciência de vigília. Parece razoável estender o estado de "consciência inconsciente" ao inconsciente de um modo geral, e ao do ego em particular, pois este é um "inconsciente pré-consciente" (Freud, 1923a, pp. 18-19). O inconsciente do ego corresponderia à fase primitiva em que o pensamento de processo secundário, apesar de já ter superado o processo primário do automatismo prazer-desprazer, ainda não se ligara aos registros verbais que facultariam sua percepção pela consciência (Freud, 1900, p. 574) – a fantasia inconsciente estaria incluída no pensamento inconsciente do ego (Freud, 1915c, pp. 190-191; 1920, p. 19).

A fantasia inconsciente é o material por excelência da investigação psicanalítica, já que ela é, em tudo, igual ao devaneio consciente, diferindo deste apenas por não ser verbal, daí sua natureza inconsciente. Por causa de suas características especiais de inconsciente pré-consciente, é o portal de acesso a praticamente todos os estados mentais. Como estágio inicial da regressão, por ela passam os desejos provindos das partes mais evoluídas em trajetória regressiva, bem como os das camadas mais primitivas em busca da consciência. É o ponto onde se entrecruzam o sonho, o sintoma, a sublimação, o pensamento verbal: é o *locus* de processamento da criatividade, em que a consciência parece não ter papel determinante.

Em vista disto, a fantasia inconsciente é o protótipo do pensamento inconsciente, ainda não verbal, fazendo fronteira com o devaneio e o pensamento consciente. Parece originar-se no período em que o bebê entende a linguagem verbal sem ser ainda capaz de falar, quando as representações concretas ainda são o componente predominante, não obstante constituírem um processo secundário. Como Freud mostrou, o mergulho regressivo para o sonho surge daí: o desejo onírico é uma fantasia inconsciente (1917a [1915], pp. 226-229). Por isso, a palavra no sonho é concreta e sem conteúdo semântico. Por meio do sonho, temos acesso à fantasia inconsciente. Esta abre caminho para que o pensamento inconsciente ligado à palavra ouvida possa tornar-se consciente, na medida em que a palavra ouvida pode estabelecer uma ponte com a palavra falada. A palavra falada é a via pela qual o inconsciente mostrado pelo sonho pode tornar-se consciente.

Além da fantasia inconsciente

O sonho não mostra só a fantasia inconsciente: revela toda a mente, desde seus primeiros estágios. Entretanto, pouquíssimas das feições oníricas chegam à consciência. Como mostram Crick e Mitchison (1983), o sonho é inconsciente pelos padrões da vigília, e uma parte mínima só se torna consciente se houver um despertar durante seu transcurso. Quando acordados e em condição de saúde, o conhecimento que se tem do sonho limita-se ao que é revelado pela consciência de vigília. Adormecidos, não temos acesso à consciência onírica. Por isso, o sonho tornado consciente pelo despertar não corresponde à sua matéria-prima, pois esta é imediatamente traduzida para a linguagem da vigília. No entanto, essa pequena amostra, analisada diariamente, é suficiente para dar uma ideia do que permanece inconsciente. Mas como foi visto acima, só são passíveis de tornarem--se conscientes pela interpretação verbal os elementos oníricos surgidos como fantasia inconsciente. Incontáveis dados oníricos extremamente bizarros ficam fora desse âmbito e não se tornam conscientes pela interpretação, por dizerem respeito a representações muito distantes do nível verbal, estando mais próximas do sensorial, ou seja, do ego corporal.

Portanto, além dos aspectos do sonho correspondentes à fantasia inconsciente, que têm sido o objetivo principal da psicanálise, há os que, embora não se tornem conscientes, são valiosos para a condução do processo psicanalítico. Mesmo sendo inútil interpretá-los, fornecem ao analista uma bússola valiosa para a orientação da trajetória da análise, dando ideia da constituição da mente do analisando. A esse respeito, trago casos clínicos em que sonhos desempenharam importante papel para a compreensão da personalidade do paciente, não obstante a inutilidade da interpretação de conteúdos relacionados a estados primitivos.

Ilustrações clínicas

A. O paciente apresentava baixa autoestima, com sentimento de inferioridade por nunca ter aprendido a andar de bicicleta. O desenvolvimento de sentimento místico intelectualizado foi a forma encontrada para sentir-se valorizado.

130 A ação terapêutica da psicanálise e a neurociência

Mas ver pessoas simples, pouco alfabetizadas, andando de bicicleta deixava-o humilhado. A conotação sexual dessa inibição transparecia em material edipiano abundante e claro, cuja interpretação resultou inútil. Às vezes, admitia o acerto de algumas interpretações, mas sem convicção, apenas por dedução intelectual. A admissão intelectual trazia-lhe culpa e tristeza, sentimentos com pouca profundidade, como se fosse esperado tê-los, mostrando viés histérico. Em vez de interpretações, o paciente carecia de estabelecer um novo padrão de relação objetal, para substituir objetos pouco empáticos introjetados como precursores de superego rígido.

Suas limitações não se resumiam à bicicleta. Apesar de culto e competente profissionalmente, costumava ser demitido dos empregos por seu temperamento cordial ser considerado incompatível com a competição agressiva requerida em sua atividade profissional. Não conseguia escrever um livro esboçado há muitos anos. Produzia pequenos textos avulsos de poesia e filosofia mística, destinando-os à admiração confortável de amigos próximos, sem publicá-los.

Não apresentava sintomas específicos, apenas uma vaga sensação de irrealização, um vazio existencial. Um misto de tristeza e ternura transparecia em seu semblante, sem revelar amargura; ao contrário, entremostrava um ar de bonomia e amável complacência que pastores de almas ou pregadores de autoajuda costumam assumir em face de quem julgam possuir pouco desenvolvimento espiritual. Tratava-me como companheiro de jornada intelectual, tentando induzir-me a entrar em discussões místico-filosóficas, que remetiam a estado narcísico inafetivo, apesar de expressar protestos de amizade e admiração por mim. Nada em sua conduta na análise, a não ser o mencionado material edipiano, revelava por que o andar de bicicleta trazia tão expressivo sentimento de irrealização a uma pessoa que se julgava possuidora de espírito superior.

Sonhos que se desenrolavam no mesmo cenário trouxeram-me a compreensão do sentido do andar de bicicleta. Era um porão pouco iluminado, situado abaixo do nível da rua, onde objetos indistintos o impediam de caminhar, como se as pernas estivessem presas, sem que soubesse explicar por quê. O mesmo ambiente ressurgia alguns dias depois, agora com uma voz feminina sendo ouvida – talvez fosse da mãe, ou, quem sabe, da irmã; tinha a impressão de que vinha da rua. Mas pouco podia dizer a respeito, por ser tudo muito indistinto: as vozes eram apenas sons cujo significado não compreendia. Em outro sonho, era impedido de caminhar, pois suas pernas estavam presas a vasos existentes no porão; esses vasos continham plantas atrofiadas, talvez em razão da iluminação deficiente, uma espécie de penumbra. Solicitado a fazer associações sobre as imagens oníricas, limitava-se a divagações, dizendo, por exemplo, que porão devia representar o inconsciente, e que devia estar sonhando aquilo para mostrar o inconsciente.

Às vezes, parecia compreender bem o que lhe era dito, respondendo com pensamentos pertinentes e inteligentes, mas não sentia genuinamente o que dizia, pois eram deduções racionais que não produziam *insights*. Mas dizê-las representava alguma coisa, da mesma forma que a aparente ausência de sentido da importância dada ao andar de bicicleta significava algo. Só que era um simbolismo concreto inerente à representação-coisa, pré-verbal, de um inconsciente que não passou por repressão. Por isso, a interpretação desse material não é suficiente para fazê-lo deixar de ser inconsciente. Mas o conhecimento desse registro irrevogavelmente inconsciente é valioso para que o analista se situe diante da história do paciente e oriente sua conduta a partir dele. No caso em questão, o sonho do porão mostrava provavelmente o ambiente intrauterino pouco propício à liberdade de movimento das pernas (objetos que dificultavam a locomoção), sem que o ambiente externo pudesse interferir (voz feminina indistinta em um nível superior ao do porão). O vaso com plantas atrofiadas sugeria limitação de desenvolvimento, enquanto a dificuldade de equilíbrio no andar de bicicleta parecia ligada à diferença de gravidade entre o interior do líquido amniótico e o ambiente aéreo. Por outro lado, o andar de bicicleta é um ato automático, como nadar, tocar piano etc., cuja execução não depende de evocação do processo de aprendizagem; é uma forma de memória implícita de procedimento referida pelos neurocientistas. É possível que o sonho revelasse algum fato que tenha prejudicado microscopicamente o funcionamento de uma parte do cérebro, ou seja, com repercussão no ego corporal, mas sem comprometimento anatômico ou histológico.

Transmitir ao paciente minha interpretação desses sonhos em nada contribuiria para desenvolver-lhe o ego e melhorar-lhe a autoestima. Apenas forneceria subsídios para futuras conversas sobre psicanálise. Porém, esse conhecimento é um guia importante para o analista observar a história mais remota do paciente. Se houve alguma barreira ao desenvolvimento natural intrauterino, ou algum acontecimento perinatal de relevo, o déficit parece não ter sido amenizado por uma acolhida adequada pelo objeto. Com efeito, os pais não tiveram vida harmônica, em virtude do alcoolismo paterno. Acresce que o pai morreu precocemente, quando o filho ainda era criança. Neste caso, a análise deveria ser direcionada para privilegiar uma relação objetal que acolhesse o narcisismo místico do paciente, entendendo o "sentimento oceânico" a que sempre se referia como desejo de retorno ao útero (Freud, 1930 [1929], pp. 64-72). O trauma inconsciente primitivo, que se repete compulsivamente, não se torna consciente por qualquer meio, mas seus efeitos podem ser neutralizados por um ambiente que se comporta diante dele de forma acolhedora, fornecendo-lhe um novo modelo a ser internalizado como objeto bom que irá favorecer a ligação da energia livre.

A compreensão de que o andar de bicicleta reproduzia situações anteriores ligadas à necessidade de fusão mística com o analista devia ser o fio condutor da análise, sendo secundárias as interpretações visando o conteúdo ideativo de nível verbal. Só muito mais tarde explicações sobre as necessidades de repetição se tornariam importantes para integrar e sintetizar o desenvolvimento obtido por meio da compreensão empática. Entretanto, não se podia esperar que tais esclarecimentos contribuíssem para recuperar as lembranças para a consciência – sendo memórias implícitas, são irrecuperáveis. Depois que a transferência positiva se torna estável o suficiente para estabelecer uma confiança básica no analista, as interpretações, construções, bem como esclarecimentos didáticos, passam a ter peso de certeza para o paciente, por influência da sugestão, como mostrou Freud (1920; 1937b).

B. Outro paciente procurou a análise para tratar-se de um estado sufocante de ansiedade que se instalava de repente, levando-o a se imaginar prestes a ter infarto fulminante. Por esse motivo, foi atendido diversas vezes em serviços cardiológicos, onde era informado de que nada havia de errado do ponto de vista cardiológico. Era um transtorno de pânico típico, com as clássicas sequelas fóbicas, aparentemente de fácil resolução. A ansiedade paroxística, à semelhança do paciente da bicicleta, vinha associada a um material inconsciente de conteúdo sexual, referente à masturbação, ao temor de castração e, sobretudo, a um quadro edipiano que se apresentava de modo exuberante. Também produzia manifestações anais e orais inequívocas, aparentando pouca resistência à liberação do inconsciente. Entretanto, a interpretação sistemática desse material abundante e claro não trouxe modificação do quadro. Ao contrário, o transtorno do pânico se agravava, com sérias repercussões negativas sobre sua vida, contrariando a impressão inicial de tratar-se de um caso de resolução simples.

Um dado fornecido sem qualquer destaque, aparentemente inexpressivo, foi a chave para a compreensão do que subjazia àquela pletora de material sexual. Disse que durante a infância e boa parte da adolescência envergonhava-se de não conseguir amarrar o cadarço do sapato. Superou o incômodo sentimento mediante o uso exclusivo de sapatos sem cadarço. O estratagema livrou-o do desconforto e do sentimento de inferioridade, pois ninguém nunca notou sua limitação. Além do mais, achava mais confortável usar sapatos sem cadarço, racionalização com a qual recuperou a autoestima. A pouca habilidade manual também se imiscuía no material sexual, dando a impressão de que se esgotava aí.

Mas, finalmente, a incapacidade de dar laço no cadarço, que o paciente encarava como fato banal, sem qualquer repercussão em seu estado emocional, foi a chave para a compreensão de seu desenvolvimento psíquico, que estava comprometido antes das conhecidas fases de desenvolvimento da libido. Uma vez que a aquisição de habilidades como essa se incluem no rol das memórias implícitas, relacionando-se à herança reptiliana contida nos gânglios basais (Pally, 1997), podem ser feitas inferências propiciadoras de uma estratégia da conduta analítica a ser seguida. Dados colhidos no decurso da análise revelaram que o paciente nasceu de parto distócico, com circular de cordão, tendo sido depois cuidado por enfermeiras e babás; apesar de a mãe estar em casa todo o tempo, pois não tinha atividade externa, tinha pouca participação nos cuidados do filho. A maternagem deficiente levou-o a experimentar sucessivos microtraumas geradores de falhas estruturais significativas, que se manifestavam em doenças dermatológicas e respiratórias desde os primeiros meses de vida. Diante de episódio ocorrido nesses primeiros meses, em que os pais revelaram formar um par narcísico (simbiótico) que excluía o filho, teve uma severa crise brônquica. Todo esse conjunto talvez estivesse ligado ao EEG anormal constatado na adolescência, quando eclodiu a primeira crise de pânico.

Não se pode garantir que o traçado eletroencefalográfico fora dos padrões considerados normais tenha sido causado pelo nascimento traumático, embora seja uma hipótese digna de ser considerada, por motivos que já tive a oportunidade de detalhar (Andrade, 1988b). Seja como for, não compete à psicanálise demonstrar questões dessa natureza, apesar de o acompanhamento dos fenômenos psíquicos até o nível do ego corporal dar margem à especulação desse tipo. O que se sabe de objetivo é que houve sofrimento durante o parto, com deficiência de oxigenação que se expressou por meio de demora no choro, ou seja, de expul-

134 A ação terapêutica da psicanálise e a neurociência

são de gás carbônico, configurando o que Freud chamou de "ansiedade tóxica", como foi mencionado na primeira parte. Portanto, a ansiedade traumática natural do nascimento foi agravada pela exacerbação de seu aspecto tóxico, de modo que a primeira representação de desprazer deve ter preponderado sobre a do prazer experimentado com a exalação do gás carbônico e a consequente inalação do oxigênio. Essa situação desvantajosa poderia ser revertida se a partir daí um ambiente empático atendesse adequadamente às necessidades pós-natais. Mas o bebê parece não ter tido essa sorte. A mãe narcísica mantinha uma relação simbiótica com o pai e deixava o recém-nascido sob os cuidados de empregadas. Estas, embora competentes na assistência a recém-nascidos, não podiam substituir plenamente a mãe. Eram boas "cuidadoras", mas não eram mães. A rigor, por melhor que seja um substituto (ou cuidador), ele não proporciona as condições ótimas que só as mães estão capacitadas a oferecer, por estarem, em circunstâncias normais, fisiológica e psicologicamente preparadas para isso. A compreensão de como ocorre a constituição do ego corporal dá ideia da importância do útero, da nutrição e da respiração intrassanguíneas via cordão umbilical, bem como da continuação da nutrição por meio do seio, a par dos intensos contatos corporais implicados na amamentação e nos cuidados em geral. Portanto, o bebê depende do corpo da mãe, do qual retira não apenas alimento e calor físicos, mas também o afeto que nutre seu ego corporal.

Após a saída do útero, pouco disso foi oferecido pela mãe do paciente. Por sinal, até onde sua lembrança podia alcançar, a mãe era descrita como uma deusa: linda, sua extraordinária beleza era descrita com admiração e orgulho; no entanto, considerava-a distante e fria, raramente pegando os filhos no colo; enfim, uma figura olímpica. Havia repercussão direta desse distanciamento afetivo nas falhas do ego corporal. Não sendo amamentado ao seio, desde o princípio apresentou alergia ao leite, que se estendeu depois à ampla gama de alimentos. Também desde o início da vida manifestou problemas respiratórios, que culminaram com o gravíssimo episódio brônquico de origem alérgica, quando, aos nove meses de idade, foi deixado aos cuidados dos avós, durante longa viagem dos pais, que não abriam mão de satisfazer suas necessidades narcísicas, características de um casal simbiótico. Há outros episódios semelhantes na história do paciente, até mesmo porque esses fatos não costumam acontecer uma única vez, pois um objeto só se comporta dessa maneira por possuir personalidade pouco empática, que se revela em detalhes do cotidiano. Por isso, não é um único acidente traumático que costuma determinar uma estrutura patológica, mas o efeito cumulativo de pequenos acontecimentos do cotidiano, causados geralmente por deficiência empática.

Durante muitos anos não conseguia lembrar-se de sonhos, até que um dia se deu conta de que sonhara na noite anterior, embora não se lembrasse do conteúdo. Cerca de vinte minutos depois, conseguiu reunir alguns fragmentos dispersos para compor um relato inteligível. Esse sonho, junto com outras evidências colhidas ao longo da análise, mostrava sua experiência de nascimento, possível fonte de sua falha básica, sobre a qual se estruturaram as deficiências posteriores.

Estava em um avião que teve de pousar "de barriga" (*sic*). O paciente ficou preso, sem conseguir desprender-se. A cena mudou para uma rua repleta de transeuntes que andavam em sentido contrário ao desejado por ele, de modo a impedi-lo de movimentar-se, ficando aflito por não poder desvencilhar-se da massa humana. Havia também um guarda que procurava organizar o fluxo das pessoas. Apesar de ser tudo confuso, estava agarrado ao braço do guarda, que o segurava para não ser arrastado pela corrente humana. Havia muitas outras cenas das quais não conseguia se lembrar. Pouco depois do relato do sonho, disse que na noite anterior se assustara ao ver um carro de bombeiros estacionado embaixo de sua janela, pois pensou tratar-se de incêndio em seu edifício. Quis abandonar o prédio imediatamente, mas teve medo de ficar retido no elevador ou na escada: a ideia de ficar preso amedrontava-o mais que a de ser queimado.

Vi nesse sonho uma síntese da história do paciente transposta para a análise. Parecia-me repetir a situação do nascimento condensada com episódios posteriores, mostrando o envolvimento do cordão umbilical e as manobras da extração a fórceps. Revelava que os primeiros objetos tomavam rumo contrário ao de suas necessidades. Destacava-se dentre esses objetos a importância fundamental dos avós, presentes em situações difíceis, particularmente quando ficaram com o bebê de poucos meses durante a viagem prolongada dos pais: atuaram como o braço do guarda, capaz de protegê-lo da correnteza humana avassaladora e indiferente a suas agruras.

Levando em conta o contexto da análise, o sonho desprovido de palavras servia de orientação quanto à conduta analítica diante dos acontecimentos traumáticos precoces, como o nascimento e seus desdobramentos, que incluíam o *holding* deficiente. Sinalizava que o analista devia ser receptor e organizador do

fluxo das imagens caóticas dos sonhos. Mostrava ainda que a tentativa de incul-
car os registros mais arcaicos na consciência do paciente seria não apenas andar
contra a corrente, mas também a demonstração de pouca empatia. Interpretações
e construções não deviam constituir o interesse mais urgente naquela quadra da
análise – ao contrário, estas tinham trazido culpa em vez de alívio. Na verdade, a
interpretação do material oral, anal e edipiano surgido copiosamente no início de
uma análise que durou mais de dez anos, com quatro sessões semanais, mostrou
que minha conduta repetia a falta de empatia dos pais, pois a conduta interpretativa não era a mais adequada. O caminho para a reestruturação devia consistir
em reviver transferencialmente a história afetiva em presença de objeto empático
que pudesse acolhê-lo e fornecer-lhe um novo modelo de relação objetal a ser
internalizado por meio do processo de dupla identificação empático-introjetiva.
Esta seria uma etapa inicial a ser cumprida antes da consolidação posterior pela
verbalização.

A propósito, devo dizer que, além deste, só tive outro analisando que relatou
não conseguir amarrar o cadarço do sapato, fato que também considerou destituído de importância. Coincidentemente, também nasceu de parto distócico, com
circular de cordão, fato de que se vangloriava, pois se considerava pessoa especial,
nascida "de bunda para a lua"; seus sonhos se caracterizavam por apresentar episódios bizarros desconexos.

Comentários

Como foi visto, os sonhos não se limitam a revelar os aspectos recônditos
da mente relativos a memórias implícitas; ao contrário, expõem de forma condensada todo o conteúdo de representações, inclusive as formadas por memórias
explícitas que foram alvo de repressão. É neste último caso, ou seja, em face
de lembranças reprimidas, que se aplicam as interpretações convencionais. Não
tratei aqui dessas representações em virtude de elas terem sido o foco principal
do interesse da psicanálise durante mais de um século. A intenção foi privilegiar as não verbais formadoras de estruturas afetivas inconscientes, consoante
exposição que fiz em outro lugar (Andrade, 2003, pp. 68-78). Essas estruturas
inconscientes compõem mais tarde o elemento afetivo das relações objetais, que
têm sido o objetivo de psicanalistas de vanguarda responsáveis pela modificação

da técnica psicanalítica. Aqui, o foco recaiu sobre o estado afetivo de natureza intrinsecamente narcísica, pré-objetal.

A verificação de que esse estado, assim como o pensamento inconsciente não verbal, se inclui entre as memórias implícitas leva à conclusão de que a psicanálise moderna deve englobar: (1) o método interpretativo clássico do reprimido, de cunho verbal, que inclui sonhos, associações e parapraxias; (2) os aspectos afetivos da relação objetal repetidos na transferência-contratransferência (relação intersubjetiva); 3) o simbolismo concreto (representação-coisa) não verbal inerente a um pensamento inconsciente de processo secundário, bem como os registros de percepções sensoriais primitivas, do qual o sonho é fonte inigualável, como orientação para a atitude analítica em face da conduta do paciente; (4) construção da história do desenvolvimento psíquico do paciente a partir de dados colhidos nos processos anteriores, bem como diálogo amistoso e de cunho pedagógico em que o paciente é informado sobre os dados constantes dos procedimentos anteriores, com a finalidade de desenvolver o conhecimento explícito e dissolver os vínculos transferenciais. Estes são os pilares que sustentam uma psicanálise integral.

Deve ser ressaltado que certas particularidades do sonho não são abrangidas pelo relato verbal de quem sonhou, pois este é configurado pela consciência de vigília, responsável pela elaboração secundária do sonho. O acesso a essas particularidades é fruto do estabelecimento de relação transferencial em que a empatia possa ser utilizada em plenitude para apreender a história primitiva da interação objetal revelada pelo paciente. Esse conhecimento, adquirido por transmissão não verbal, se junta à associação livre do paciente, que permite penetrar mais agudamente no material condensado do sonho. A associação livre, além de permitir penetrar fundo no conteúdo onírico latente, é o fator facilitador da regressão, sendo uma espécie de catalisador da transferência, por propiciar o afloramento do inconsciente em suas feições mais primitivas. A emersão do inconsciente se deve provavelmente a uma aproximação dos dois diferentes estados de consciência relatados por Hobson (2001, p. 92), fato que poderá ser objeto de pesquisas objetivas futuras. Por este motivo, a associação livre, mesmo quando não contribui para a interpretação verbal, continua sendo o instrumento de ouro da técnica psicanalítica por ser fator por excelência de indução da regressão. Sem ela, há prejuízos notórios da regressão propiciadora da transferência, além de tornar a compreensão das fantasias inconscientes dos sonhos superficial e, até certo ponto, aleatória.

Como estado primordial da mente, o sonho é a chave para a compreensão dos mecanismos de formação e desenvolvimento das psicoses, que são regressões aos estágios mais primitivos da mente, isto é, aos sonhos; estes são, portanto, psicoses normais, como será exposto a seguir.

capítulo 8

Sonho e psicose — Aspectos metapsicológicos e clínicos

As relações mútuas entre o sonho e a psicose serão examinadas em três aspectos: no primeiro, essas relações são explanadas em uma perspectiva em que a metapsicologia freudiana se harmoniza com conhecimentos neurocientíficos; no segundo, a exposição metapsicológica é complementada por caso clínico em que o sonho figura como elemento de avaliação da recuperação de um paciente gravemente psicótico; no terceiro, é feita uma integração clínico-metapsicológica. A equação sonho-psicose é analisada a partir da ideia central da metapsicologia freudiana de que a finalidade primordial da mente é a ligação da energia livre (Freud, 1920), com destaque para o "fechamento" da representação-coisa pela representação-palavra (Freud, 1915c) como forma de ligação de energia. Como algumas obscuridades do pensamento metapsicológico de Freud têm ensejado que parte de suas ideias seja tomada pelo todo, mais uma vez pequenos sumários buscarão articular conceitos expendidos em contextos e épocas distintas, objetivando integrá-los, a fim de clarificá-los e evitar conclusões parciais enganosas.

A generalização do sonho como realização de desejos constitui um exemplo de visão defectiva por dois motivos: (1) vulgarizou-se a noção de que o sonho realiza desejo do id, malgrado poder expressar desejo do superego (Freud, 1900, pp. 557-558, p. 580, n. 1); (2) determinados sonhos desempenham função psíquica anterior ao princípio do prazer, não tendo por finalidade realizar desejos (Freud, 1920, pp. 32-33). A existência de sonhos que ignoram o princípio do prazer é essencial para a compreensão do que será exposto a seguir, por implicar a função primordial do ego de ligação da energia livre do id, cujo afrouxamento gera o sonho e a psicose.

Ao falar de sonhos que não realizam desejos, Freud citou, além daqueles em que a pessoa acorda em pânico, com a sensação de estar vivendo situação traumática experimentada antes, também aqueles ocorridos durante o processo analítico, que possibilitam a elaboração de sofrimentos de tempos imemoriais. Esses sonhos levaram não só à conclusão de que a realização de desejos não é a função original do sonho, mas também à revisão do postulado da primazia do princípio do prazer: a ligação da energia livre é a função primordial da mente, situando-se além do princípio do prazer, ou seja, é cronologicamente anterior a este (Freud, 1920, pp. 29-35).

Aspectos metapsicológicos

Semelhanças e diferenças entre sonho e psicose

Freud qualificou o sonho como o protótipo normal da psicose, considerando-os (sonho e psicose) regressões a estados primitivos da mente (1917a [1914], pp. 222-229). Tanto no sonho quanto na psicose são aflorados estágios mentais superados mantidos em latência, como o processo primário, característico da pequena capacidade do ego de ligar energia. Para Freud, psicopatologia não é um novo fenômeno psíquico, mas expressão de estruturas preexistentes: sonho e psicose são estádios primitivos ultrapassados cuja atividade, normalmente imperceptível, torna-se observável quando algumas funções do ego são desativadas, em particular as relacionadas à percepção da realidade.

O ego afasta-se da realidade no sonho e na psicose. No sonho, a separação é ditada pelo ritmo biológico natural, ou seja, em harmonia com a realidade; ao dormir, a regulação consciente-pré-consciente (ligação de energia) é desabilitada temporariamente, permitindo que a energia livre do id, depois de tomar de roldão resíduos de energia (ligada) do ego, siga trajetória regressiva no sentido do polo perceptivo, onde se descarrega como alucinação. Na psicose, ao contrário, o ego

Sonho e psicose – Aspectos metapsicológicos e clínicos **141**

afasta-se da realidade de forma desarmônica: sua fragilidade leva-o a abrir mão do teste de realidade, termômetro de sua higidez, em benefício do id. A realidade é rejeitada por ocasionar desprazer insuportável, à semelhança da fase inicial em que a mente era regulada pelo automatismo prazer-desprazer, quando lembranças de desprazer eram evitadas. A evasão da realidade implica o uso de um mecanismo de defesa mais drástico que a repressão (esta pressupõe o ego íntegro), sendo empregados mecanismos automutilantes, como a negação (*Verleugnung*), a divisão e a projeção, com ataques à percepção procurando anular a realidade.

Segundo Freud, na psicose a libido é retirada do objeto, e seu retorno ao ego reproduz a onipotência característica do narcisismo primário. Falha neste estado megalomaníaco torna necessário reconduzir a libido ao objeto, já que a energia livre acumulada no narcisismo primário requer ligação urgente: um remanescente sadio do ego, apesar da extensa fragmentação, percebe sua necessidade do objeto, ao qual deve reconduzir a libido (Freud, 1914c, p. 74 e 86). Todavia, os motivos determinantes da retração libidinal persistem, de modo que o objeto propriamente dito (concreto) deve continuar sendo evitado. Nessas circunstâncias, a necessidade premente de ligação leva à aplicação da energia psíquica (catexização) em um atributo do objeto – no caso, a palavra que o nomeia; o nome do objeto adquire qualidade de coisa (concreta), daí a forma bizarra com que o esquizofrênico costuma usar as palavras: a representação-palavra assume características de representação-coisa (Freud, 1915c, pp. 196-204).

No sonho, também a representação-palavra regride à representação-coisa (sob forma visual), um movimento contrário à evolução natural do pensamento concreto pré-verbal para o pensamento abstrato verbal. Entretanto, como mostra Freud, ao contrário da esquizofrenia, no sonho não há ruptura entre as duas representações, de modo que o caminho de volta é retomado na vigília: a regressão segue o curso natural do sono (ritmo circadiano), sem alterar o ego. Na esquizofrenia, ao contrário, defesas lesivas ao ego suprimem a representação-coisa, instaurando a representação-palavra em seu lugar, de modo que esta última perde sua característica simbólica de significante, assumindo a condição concreta de significado. Enfim, na psicose não há comunicação entre representação-coisa e representação-palavra (Freud, 1917a [1915], p. 229).

Isso posto, a regressão conduz aos mesmos estados primitivos; o que faz a diferença é a condição em que o ego se encontra: íntegro no sonho; fragmentado na psicose.

Pontos de convergência entre a psicanálise e a neurociência

Como foi visto no capítulo precedente, alguns neurocientistas têm refutado a psicologia freudiana dos sonhos, alegando serem fabulações produzidas no córtex cerebral em reação a disparos aleatórios no tronco cerebral, relacionados a neurotransmissores (ativação da acetilcolina e desativação da serotonina e da noradrenalina). Em vista de a psicose também estar relacionada à desativação das referidas aminas, Hobson caracteriza sonho e psicose como consubstanciais: "O sonho não é *como* um delírio. Ele *é* delírio. O sonho não é um *modelo* de uma psicose. Ele *é* uma psicose. Só que é uma psicose saudável" (1994, p. 44, grifos do autor).

Outros pesquisadores, notadamente o neuropsicanalista Mark Solms, rejeitam a tese dos disparos aleatórios, sustentando que o sonho tem início em um circuito que liga estruturas frontais e límbicas com células dopaminérgicas na área ventral tegumental (mesencéfalo). Considerando que os desejos (procura de objetivos e recompensa) ocorrem nesse trajeto, Solms sugere estar ali o impulso gerador do sonho descrito por Freud, acrescendo que lesões nesse local impedem a formação de sonhos. Esse circuito está associado a sintomas positivos da esquizofrenia, sendo local de ação de drogas antipsicóticas eficazes. Solms aduz que uma lesão na junção dos lobos occipital, parietal e temporal também inviabiliza sonhar (2003, p. 51-58). Segundo Solms, essa região está associada à simbolização, assim, presumivelmente a conversão do pensamento concreto em abstrato ocorre nessa confluência, fato que confirmaria a regressão da palavra à coisa característica da transformação do pensamento em imagem onírica. Nesses termos, a neurociência corroboraria a teoria freudiana da formação do sonho, bem como da identidade deste com a psicose.

Gottesmann (2003) julga improvável que a dopamina produza sonhos por si só, como crê Solms. Argumenta que a serotonina e a noradrenalina, por inibirem a excitação cortical, são decisivos na produção do sonho. Mediante a ação inibitória, esses neurotransmissores regulam a atividade cortical durante a vigília, possibilitando o pensamento reflexivo. A inativação da inibição durante o sono dá livre curso à atividade da dopamina, da qual resulta o sonho. Assim, a dopamina age em sincronia com a desativação da serotonina e da noradrenalina, tanto no sonho quanto na psicose. Com efeito, a administração de dopamina em vigília, de modo a extrapolar seus níveis fisiológicos, provoca psicose. Como corolário, a administração de drogas inibidoras da dopamina diminui sintomas esquizofrênicos. Segundo Gottesmann, a desinibição da atividade cortical, que implica os três neurotransmissores, é suficiente para explicar algumas propriedades do sonho e da psicose (2003, pp. 152-154).

Solms, ao relacionar o supracitado circuito dopaminérgico com o desejo onírico, e ao assinalar o local da conversão do pensamento concreto em abstrato, contribuiu notavelmente para convalidar cientificamente hipóteses freudianas sobre o sonho. A ação inibitória e reguladora da excitação cortical pela serotonina e noradrenalina parece ir mais longe, pois sustenta empiricamente o postulado metapsicológico cardeal: a ligação da energia livre do id pelo ego. Em termos metapsicológicos, sonho e psicose resultam de circunstâncias em que o ego está impossibilitado de ligar plenamente a energia livre do id, segundo o pensamento de Freud aqui exposto, cujas linhas gerais foram adotadas por Heinz Hartmann. Hartmann as considerou pelo ângulo de gradientes de energia ligada, sob a forma de níveis de "neutralização e desneutralização de energia libidinal e agressiva" (1953, pp. 182-206). Por isso, as consequências da contribuição de Gottesmann vão além do sonho e da psicose, pois lança luz sobre a hipótese metapsicológica fundamental: a existência de dois tipos de energia psíquica, que Freud nem imaginou como poderia demonstrar, por sabê-la inextricavelmente mesclada à célula nervosa.

Efeitos neuroquímicos da interação mãe-bebê: implicações para a psicanálise

A esquizofrenia tem sido relacionada à dopamina há cerca de cinquenta anos. Ainda que insucessos no emprego de antipsicóticos tenham possibilitado descobrir outros mecanismos de neurotransmissão implicados na esquizofrenia (Javitt & Coyle, 2004, pp. 48-55), a participação da dopamina nessa patologia parece incontroversa. Seu papel decisivo na produção do sonho e da psicose traz à lembrança sua presença também na interação afetiva, conforme relato de Schore referido antes: a troca afetiva entre o bebê e o objeto libera dopamina no sistema límbico do primeiro, de onde é lançada no córtex pré-frontal (órbito-frontal), seguindo trajeto semelhante ao descrito por Solms na geração de sonho e psicose. A dopamina assim liberada participa da multiplicação das conexões sináp-

144 A ação terapêutica da psicanálise e a neurociência

ticas pré-frontais, influindo no desenvolvimento da cognição e na regulação das emoções do bebê[1].

Uma vez que se trata do circuito relacionado com a esquizofrenia, é lícito associar essa patologia a uma interação mãe-bebê inadequada e deficiente, já que esta provocaria distúrbio na regulação de dopamina. Com efeito, Schore mostra em linguagem neuroquímica a importância da relação objetal no desenvolvimento cognitivo e emocional do bebê, de modo que a interação afetiva inadequada ocasiona transtornos na cognição e na regulação das emoções (1994, pp. 539-540). Nessa perspectiva, configurar-se-ia uma neuroquímica das relações objetais capaz de respaldar a ação terapêutica da psicanálise na correção de falhas estruturais derivadas de função materna inadequada – mediante a reprodução transferencial de relações deficientes, o analista corrige regressivamente deficiências do objeto, como vem sendo mostrado ao longo deste livro.

Descobertas recentes da plasticidade e da capacidade de recomposição dos neurônios apontam nessa direção. Referindo-se à plasticidade neuronal em qualquer época da vida, Schore ressalta a possibilidade de regeneração de células nervosas por processo psicológico não verbal inconsciente, referindo-se especificamente ao binômio transferência-contratransferência. Confirmando a ação da relação objetal sobre o cérebro, afirma que patologias ligadas ao córtex pré--frontal orbital (autismo, mania, fobias, alcoolismo, adição a drogas, depressão, estresse pós-traumático e transtornos de caráter e de personalidade *borderline*) são muitas vezes causadas por distúrbios precoces do desenvolvimento afetivo (Schore, 1997, pp. 830-831).

Sonho, psicose e regressão no processo psicanalítico – Associação livre

Além das regressões espontâneas ocorridas no sonho e na psicose, cumpre considerar a induzida pela situação analítica, quando experiências afetivas primitivas são revividas transferencialmente. Essa regressão tem algo do sonho e da

---

1 "A expansão do sistema mesocortical de dopamina para o córtex órbito-frontal representa a maturação do circuito ventral tegmental cérebro anterior-mesencéfalo. Conexões anatômicas entre regiões límbicas subcorticais e esta área cortical pré-frontal são responsáveis pelas propriedades funcionais especiais deste córtex frontolímbico" (Schore, 1994, p. 134). "O crescimento e a diferenciação deste sistema corticolímbico é influenciado diretamente pelas relações objetais com a mãe" (Schore, 1994, p. 539).

psicose; no entanto difere de ambos por ocorrer em vigília, sob o controle do ego observador do paciente, com a assistência do analista similar à proteção da mãe nos estádios iniciais do bebê. A regressão no processo psicanalítico é próxima da fantasia inconsciente, núcleo germinativo do sonho, da patologia, da sublimação e da criatividade em geral. A regra fundamental da psicanálise (associação livre) leva inescapavelmente a esse estado.

A associação livre suscita um estado semelhante ao da proximidade do sono, quando o pensamento de vigília se mistura com sonhos ocorridos imediatamente após o adormecer. Assim, a regra fundamental é o passaporte para o inconsciente, mesmo o do sonho, cujo conteúdo latente é inatingível sem as associações livres de quem sonhou. O neurocientista Ernest Hartmann confirma essa noção ao dizer que o estado mental de alguém em relaxamento durante a vigília é indistinguível daquele do início do sono e dos sonhos da fase não REM. Observa que devaneios e sonhos podem ser idênticos, havendo pessoas que fantasiam (conscientemente) com material bizarro igual ao dos sonhos: "As diferenças 'qualitativas' entre sonho e vigília não são tão nítidas como às vezes se pensa". Segundo ele, as associações são mais frouxas no sonho que na vigília, onde são focalizadas: "Contudo, o processo não é de nenhum modo aleatório; temos mostrado que é guiado pela emoção" (2003, pp. 159-160). Essa afirmação corrobora o determinismo psíquico implícito na "representação-fim" descrita por Freud: não há associação livre de fato, pois todo fluxo de ideias, por mais frouxo, direciona-se a uma representação determinada, objetivo último do pensamento (Freud, 1900, pp. 531-532).

A validação por neurocientistas do papel da regra fundamental na revelação do inconsciente, embora às vezes desejem o contrário, é fato digno de registro. Observe-se a seguinte afirmação de Hobson (2001), implacável adversário da psicanálise, feita em tom derrisório:

> Tendo pacientes deitados no divã e dizendo o que viesse à mente, Freud estava tentando expulsar o córtex pré-frontal dorsolateral de seu consultório e dar rédeas livres às amígdalas de seus pacientes. Seu interesse nos sonhos baseou-se no mesmo motivo (p. 92).

Apesar de pretender deslustrar a obra de Freud, confirmava que a associação livre incita estados semelhantes ao sonho e à psicose, abrindo caminho para a manifestação de emoções. É clássica a declaração de Freud de que "a interpretação dos sonhos é o caminho real para um conhecimento das atividades inconscientes da mente" (1900, p. 608), porém não é menos verdade que só se chega ao conteúdo latente dos sonhos por meio das associações livres. A regra fundamental é, pois, o instrumento primordial para acessar o inconsciente; é o indutor precípuo de estados emocionais cuja manifestação transferencial cria as condições favoráveis à eficácia da ação terapêutica da psicanálise.

Em suma, a manifestação da mente primitiva é normal no sonho por não ter acesso à realidade; é patológica na psicose por estender-se ao exterior. A regra fundamental, transitando na fronteira de ambos os estados, dá acesso à mente primitiva, que pode expressar-se com segurança no *setting* analítico. Ali, ela se torna passível de alteração pela via do afeto transferencial, modificação complementada cognitivamente pela interpretação do material inconsciente de nível verbal.

Porém, a regra fundamental não se aplica à psicose – esta, assemelhando-se aos sonhos, implica desorganização do ego incompatível com atividade associativa normal. Nesse caso, a atitude empática do analista é o fator fundamental para o desenvolvimento de novo modelo de relação objetal capaz de atenuar a desorganização de ego psicótico gravemente fragmentado, como se verá a seguir.

Aspectos clínicos

O início difícil – Um ego despedaçado

Trago um caso clínico em que sonhos servem de parâmetro para avaliação da recuperação de paciente psicótico, cuja deterioração mental dava inicialmente a impressão de inacessibilidade à terapia analítica. A intenção não é fazer relato completo do caso, tampouco dissertar genericamente sobre análise das psicoses, mas apenas acrescentar dados clínicos à exposição metapsicológica[2]. Entretanto, para melhor avaliação da importância dos sonhos nesse caso, algumas circunstâncias do quadro clínico terão de ser expostas.

O paciente estava sob os cuidados de psiquiatra de instituição estatal, de cuja equipe médica regular eu fazia parte, sendo-me encaminhado para atendimento psicoterápico complementar ao tratamento medicamentoso. Sendo o único psi-

---

2   Detalhes mais amplos são encontrados em outro lugar (Andrade, 1992), onde o caso foi exposto em uma perspectiva diferente, com a finalidade de discutir a prática da psicanálise em instituições.

Sonho e psicose – Aspectos metapsicológicos e clínicos **147**

quiatra da instituição incumbido de prestar assistência psicoterápica, cabia-me, em virtude de grande demanda, atender em grupo terapia, sendo os casos individuais encaminhados a profissionais externos não pertencentes aos quadros da instituição.

Recém-saído de internação hospitalar, apresentava sequelas de eletrochoques: desmemoriado, não falava, angústia e desconfiança transpareciam de seu silêncio tenso. Tendo 28 anos de idade, saíra há quase um ano, com a mulher e a filha, de longínqua cidade do interior para tratar-se de doença mental, diagnosticada como esquizofrenia quando tinha quinze anos. Uma vez que o quadro clínico se manteve inalterado após diversas entrevistas individuais, declarei-me impossibilitado de ajudar o paciente nas condições oferecidas pela instituição.

Dois meses depois, a esposa procurou-me desesperada, afirmando que o marido estava sendo "exterminado" (*sic*). Informou que o colega da instituição que o encaminhara a mim retirara-se do caso, ficando o paciente sob os cuidados de psiquiatra externo (de plano de saúde vinculado à instituição). Este, depois de empregar método psicoterápico por algum tempo, rendera-se à terapêutica anterior, ou seja, prescreveu convulsoterapia em regime de internação hospitalar. Percebendo que o estado do paciente se deteriorava, decidi, diante da aflição da esposa, apesar do péssimo prognóstico, tentar ser útil de algum modo, convencido de que a assistência proporcionada na instituição, mesmo deficiente, seria melhor que a fornecida fora dela. Autorizado pela chefia médica a atendê-lo individualmente em psicoterapia pelo período de um ano, obtive a colaboração de um colega psiquiatra, que acedeu em assumir o tratamento medicamentoso. A situação se modificou nos seguintes termos. Antes, um psiquiatra era o responsável direto pelo caso, sendo eu o auxiliar. Agora, eu era o titular, enquanto um psiquiatra, que não era o mesmo de antes, assumia o tratamento medicamentoso na qualidade de suporte da psicoterapia.

Dedicando-lhe duas sessões semanais de quarenta minutos, ao fim de seis meses a situação não se modificou: hipomnésico, postura extremamente rígida, não gesticulava, não movia a musculatura facial; sequer piscava os olhos. Nas poucas vezes que falava, atonizava de modo singular as sílabas tônicas, como se soluçasse a cada emissão tônica. Era consciente de seu estado, de modo que se angustiava por não poder cuidar da filha, então com quatro anos de idade, além de considerar-se um pesado fardo para a mulher. Dizia repetidamente que sua alma estava morta, sendo inútil manter o corpo vivo.

Diante de crise de vômitos incoercível, o colega que ministrava a medicação, prevendo suicídio iminente, exortou-me a renunciar ao tratamento naquelas circunstâncias. O prognóstico era realista, em se tratando de grave depressão esquizofrênica. Sentia-me às vezes desesperançado, mas recobrava o ânimo ao pensar que, mesmo nada tendo mudado aparentemente, o paciente estava há seis meses sem ser internado, fato representativo de modificação. Ademais, haveria maior risco de suicídio se abandonássemos o caso. Com isso em mente, consegui junto à chefia médica, que se mostrava sempre compreensiva, aumentar de duas para três vezes o número de sessões semanais, a despeito das desestimulantes queixas monocórdias de que ninguém poderia ajudá-lo; afirmava sempre que sua alma estava morta, apesar de o corpo aparentar vida.

Dois meses depois deu mostras de ligação à vida, ao fazer comentários sobre acontecimentos políticos e esportivos. Esse fato, somado à assiduidade e pontualidade com que comparecia às sessões, indicava um ego despontando do casulo narcísico, pois se interessava pelo mundo dos objetos, dando-me esperanças de torná-lo meu aliado. Pouco depois, um novo episódio de hiperêmese levou o psiquiatra a decidir, sem me consultar, recomendar oficialmente sua aposentadoria por "invalidez permanente" (até então estivera "licenciado para tratamento de saúde"). Não obstante o colega ter agido de acordo com as normas da instituição, opus-me à aposentadoria definitiva, por considerá-la rendição aos aspectos suicidas do paciente, registrando minha discordância formalmente. Meu ponto de vista acabou sendo acatado pela chefia.

Coincidentemente, na semana desses acontecimentos, que nunca chegaram ao conhecimento do paciente, pois tudo se passava em conversa reservada dentro de uma equipe médica, disse em uma sessão lembrar-se vagamente de haver sonhado, fato ocorrido pela primeira vez.

O objeto e a integração da mente – Relato coerente da história pessoal

Desde então, houve notória transformação. Passou a falar com certa desenvoltura, fazendo narrativas de sua história, fornecendo um panorama das relações objetais mais primitivas. Foi possível ter ideia da deficiente capacidade empática dos pais, provável causadora da fragilidade de seu ego, esmagado por superego superexigente. Incentivado pela família a seguir a carreira eclesiástica, saiu de casa aos onze anos de idade, sendo internado em seminário católico localizado em outro estado. Aos quinze anos, a enfermidade mental se manifestou: assediado sexualmente por um dos padres, apresentou a ideia delirante de que em todos os lugares as pessoas o ridicularizavam por suposto homossexualismo. Sendo os padres as pessoas que mais admirava – mais que isso, idealizava –, a decepção causada pelo episódio teve efeito traumático. Desde as experiências iniciais com pais pouco empáticos, sua história foi marcada por objetos incapazes de compreender sua personalidade sensível, incluindo-se neste rol as prescrições frequentes de eletrochoques, desde a adolescência. No próprio serviço médico da empresa, durante o tratamento psicoterápico, um médico de outra especialidade, insensível à debilidade inerente a sua grave psicose, tentou seduzi-lo sexualmente, circunstância em que reviveu o episódio da instituição religiosa, com o consequente agravamento de seu estado.

Desenvolvera espessa couraça narcísica para tentar escapar à ansiedade provocada pelo delírio autorreferente de cunho homossexual, afastando-se das pessoas e do mundo: só saía de casa para ir à psicoterapia. A fuga trazia-lhe conflito insuportável, motivo maior de seu sofrimento: acreditando-se uma pessoa iluminada, que nascera com a missão de salvar a humanidade do pecado, o fato de ter de evitar as pessoas impedia-o de cumprir seu destino grandioso. Essa ideia delirante fora mantida secreta até então, não sendo revelada a ninguém, nem à esposa, nem a qualquer dos médicos que o atenderam. Comunicá-la a mim denotava confiança jamais depositada em alguém. Tal confiança refletia provavelmente mudança em minha disposição interna.

Nesta altura, vale a pena voltar à importância da participação da personalidade do analista na ação terapêutica. Até o episódio da recomendação da aposentadoria, embora acreditasse na possibilidade de ajudar o paciente, no fundo temia seu suicídio, até porque era uma possibilidade real. Ao opor-me à aposentadoria compulsória, arriscando-me a responsabilizar-me sozinho pelo tratamento, estava confiando firmemente na capacidade do paciente de fazer uma aliança terapêutica, por meio da parcela de ego sadio que espontava no material clínico. A despeito de não ser informado do que acontecia nos bastidores do tratamento, o paciente presumivelmente captou minha determinação de acompanhá-lo em qualquer circunstância, fato crucial para a tão acentuada mudança de rumo da psicoterapia.

150 A ação terapêutica da psicanálise e a neurociência

Surgiram modificações notórias. Ele passou a ir a outros lugares além do serviço médico da instituição. Voltou a ver televisão e ler jornais, conseguindo compreender o que lia (antes, as palavras não tinham sentido). Encorajou-se a ir sozinho às sessões, sem que a mulher o esperasse na sala de espera, passando a falar de modo expressivo, sem atonizar as sílabas tônicas – este sintoma tivera início no seminário, logo depois do assédio sexual. A reconquista da expressividade verbal, associada à recuperação do sentido das palavras, era indício de atenuação da cisão entre representação-coisa e representação-palavra. Comovi-me quando sorriu pela primeira vez, ao achar engraçado algo dito por mim (surpreso, o psiquiatra que o medicava perguntou-me o que estava acontecendo, pois o paciente tornara-se sorridente). Encarregara-se de levar a filha à escola, ajudava a esposa nos afazeres domésticos e recobrara a capacidade sexual. Deitou-se no divã existente na sala, sem que lhe fosse feita qualquer sugestão ou insinuação neste sentido. Ainda que não o estimulasse a fazê-lo, também não o dissuadi, pois sabia tratar-se de demonstração de confiança.

Minha conduta sempre foi a de compreensão psicanalítica, estabelecendo um diálogo compatível com essa compreensão e evitando atitudes explicitamente protetoras que incluíssem orientação direta. Apesar de o tratamento ocorrer nas dependências da instituição, procurei manter um *setting* estável, propiciador de situação analítica próxima à que ofereceria em meu consultório particular. Isto era possível na medida em que a medicação e as relações familiares e funcionais do paciente eram da alçada do psiquiatra e do assistente social.

Desde que decidiu deitar-se, minha atitude tornou-se cada vez mais analítica, fazendo interpretações ao nível de sua capacidade de assimilação, inclusive transferenciais. Por exemplo: ao iniciar uma sessão, deitou-se e declarou não querer falar, preferindo ficar quieto. Após minutos de silêncio, disse ter a impressão de que eu tinha mania de limpeza, sem esclarecer por quê. Disse-lhe que talvez tenha ficado em silêncio por pretender falar-me de coisas que considerava sujas, evitando fazê-lo por recear minha censura, já que me considerava com mania de limpeza. Observando pela janela a chuva que começava a cair, preocupou-se por estar sem guarda-chuva. Mostrei-lhe que se achava vulnerável diante do que eu lhe dizia, e que as coisas por mim faladas estavam fazendo chover em seu interior. Abriu um sorriso amplo, dizendo que falo de coisas que ele nunca poderia imaginar. Saiu da sala sorrindo, com semblante alegre e relaxado.

Sonho e psicose – Aspectos metapsicológicos e clínicos   **151**

O sonho como fator de avaliação da capacidade de recuperação do ego

Alguns sonhos mostram como o material onírico pode servir de critério de aferição do estado do ego e de suas perspectivas de recuperação:

A) Procurava um livro em uma estante. Não o encontrara em nenhuma biblioteca, tendo a esperança de achá-lo naquele lugar. Parecia ser a biblioteca da instituição (localizada ao lado do serviço de psiquiatria). Enquanto procurava o livro, viu-se sem os documentos de identidade, de modo que teria de retornar a todos os lugares por onde passara. Procurando-os, caminhava por ruelas parecidas com as de sua cidade natal.

Comentário: Mostrava esperança de estruturar seu ego na psicoterapia, tendo para isso de retornar ao tempo distante em que começou a sentir-se perdido.

B) Jogava futebol em um campo de dimensões pequenas, onde dezenas de pessoas corriam confusamente atrás da bola. O clima era caótico, havia brigas constantes, de modo que não se conseguia jogar. Decidiram ir para um campo maior e bem cuidado, onde se poderia jogar de modo organizado. Saiu de bicicleta para o novo local; tinha dificuldade em encontrá-lo, supondo haver se perdido no meio do caminho. Durante o trajeto, pensava se valeria a pena usar aquele campo, pois teria de pagar por isso.

Comentário: Revelava seu campo interno caótico, psicótico, desorganizado, no qual o id predominava sobre o ego. Sabia da existência de outro campo melhor, organizado, símbolo da predominância do ego; havia um preço a pagar para chegar a ele, isto é, teria de se esforçar no tratamento, andar por caminhos obscuros, às vezes sentir-se perdido, suportar frustrações e angústias para desenvolver o ego. Expunha também aquele fator apontado por Freud (1926 [1925], pp. 159-60) como a mais indesejável das cinco resistências que se levantam contra o trabalho psicanalítico: a resistência do id, que se manifesta como compulsão à repetição. Essa resistência se expressava por meio do desejo de abandonar o campo adequado do ego para retornar ao campo caótico do id. Havia aqui um aviso da possibilidade de regressões em face de certos obstáculos, o que mais tarde aconteceria de fato, como será relatado adiante.

C) Viajava de ônibus em uma estrada com curvas perigosas. Preocupado com a excessiva velocidade, quis sair do veículo, em vista de sua crescente ansiedade, decidindo permanecer ao ver, surpreso e aliviado, que o ônibus estava no limite de velocidade permitida.

Comentário: Assustava-se com o processo psicoterápico, que, mesmo conduzindo-o para o destino desejado, lhe trazia sobressaltos. Sabia, entretanto, que o ônibus-análise mantinha ritmo compatível com sua segurança, apesar de todas as dificuldades do percurso. Mostrava ainda que o aspecto inercial da compulsão à repetição tendia a mantê-lo parado, fazendo-o desejar descer do veículo. Esse desejo também indicava a tendência regressiva do paciente diante de obstáculos, quando se sentia desamparado.

D) Entrou em uma igreja, onde um padre de batina rezava missa em latim, em estilo formal e antiquado. Achando aquilo uma velharia inaceitável, entrou em outra igreja, na qual o padre era atualizado e rezava uma missa agradável e moderna.

Comentário: O padre que o assediou sexualmente rezava missa no estilo antigo, usando a batina como traje constante. No início do tratamento, eu representava esse padre ameaçador. Via-me agora como um padre-analista atual, moderno, e não mais uma repetição do pai que o abandonou quando mal sabia falar, deixando-o aos cuidados da mãe (pai de saias), com quem partilhava a cama. Em termos estruturais, estava mostrando a possibilidade de transformar a imago parental introjetada, mediante a internalização do pai-analista atual. Poderia, assim, abrandar as características opressivas do superego, indutoras da regressão do ego á fase narcísica psicótica.

Esses sonhos dão ideia da evolução do ego no quadro psicótico, no que concerne à capacidade de ligação da energia móvel do id. Pode-se ver neles uma tendência à regressão a um estado de não ligação (predominância do id), em face da ausência de ego-auxiliar capaz de reverter o movimento regressivo inerente à compulsão à repetição. Isso parece corresponder em termos neuroquímicos à inibição da ação da dopamina emanada da região subcortical por aminas ativas no córtex (serotonina e noradrenalina). Consoante a exposição acima, a interação afetiva entre duas pessoas é capaz de ampliar circuitos pré-frontais e contribuir para o controle de emoções provindas da região subcortical. Assim, pode-se esperar que a relação analítica, mediante o elemento afetivo inerente à transferência, promova a ação inibitória que se traduziria metapsicologicamente em ligação da energia móvel.

Parece ter sido o que ocorreu com o paciente. Independente de eventual facilitação constitucional de natureza congênita ou hereditária, a função materna exercida de forma deficiente deve ter-lhe causado um déficit de inibição cortical, ou seja, o objeto não foi capaz de ajudá-lo a desenvolver um ego suficientemente forte para influir sobre o id. Por isso, sucumbiu diante dos obstáculos que não pôde transpor, usando defesas favorecedoras da psicose. A terapia atuou como ego-auxiliar, assistindo-o na ligação da energia livre do id.

Após notórios progressos apresentados nos três anos em que foi atendido individualmente, integrou-se à grupo terapia analítica, de acordo com as normas da instituição. Permaneceu no grupo durante dois anos, com duas sessões semanais. Não sofreu internação hospitalar nesses cinco anos, mesmo nos períodos mais críticos (férias anuais do terapeuta e entrada no grupo). Passou a ter vida familiar satisfatória, retornou ao trabalho, foi aprovado no vestibular de prestigiosa faculdade de ciências sociais, embora lhe fosse dificultoso acompanhar o ritmo tanto do trabalho quanto do estudo. Não mais se referiu à ideia delirante de considerar-se um ser superior que redimiria a humanidade. A ideia de ser visto como homossexual persistia, sem causar-lhe ansiedade maior, aprendendo a conviver com ela.

Dizendo-se "curado" desde que pediu para retornar ao trabalho, dois anos depois começou a faltar às sessões grupais, sem nada comunicar. Marcada entrevista individual para saber o que se passava, chegou depois da hora, de modo que só consegui conversar com ele rapidamente, em um intervalo. Disse não se sentir à vontade para falar de "certas coisas" no grupo, esquivando-se de dizer quais eram. Não compareceu à nova entrevista agendada para continuarmos a tratar do assunto. Suponho que sua atitude tivesse relação com a necessidade da esposa de retornar à cidade natal, pois há algum tempo queixava-se da vida opressiva em uma metrópole onde tinha de cuidar do marido e da filha, sem ninguém para ajudá-la. Na verdade, necessitava de cuidado tanto quanto o marido; por seu turno, a filha, então com nove anos, também requeria atenção especial. Desde então, não o vi mais. Cerca de dez anos depois soube que estava internado em seu estado natal.

Cumpriram-se os avisos oníricos de que o ego ainda não era capaz de suportar a pressão do superego e da compulsão à repetição. O ego-auxiliar analítico, atuante durante cinco anos, não foi suficiente para consolidar o progresso conquistado pelo ego extremamente débil. Na verdade, a gravidade do caso deman-

154　A ação terapêutica da psicanálise e a neurociência

dava ego-auxiliar composto por amplo *holding* social, que envolvesse a família e o ambiente de trabalho, e se fizesse presente por tempo muito maior, o que era inviável na instituição.

Correlações clínico-metapsicológicas

Representação-coisa, representação-palavra e identificação

A supracitada referência à relação entre as mudanças do paciente e meu estado interior implica considerar a dupla identificação descrita antes como pedra angular da ação terapêutica da psicanálise. Nesse fenômeno, paciente e analista regridem a estágios primitivos inconscientes em que se identificam reciprocamente: o primeiro, introjetivamente; o segundo, empaticamente. Além do fortalecimento do ego do paciente pela identificação introjetiva, o estado não verbal de interação inconsciente inerente à identificação empática do analista permite que o ego-observador não regredido deste último se dê conta do que se passa na relação.

Na avaliação do que ocorreu no presente caso, foi possível constatar o papel da identificação na ligação entre a representação-coisa e a representação-palavra, indispensável à reversão do quadro psicótico. Essa verificação resultou da articulação de processos descritos por Freud em contextos e em épocas diferentes, a saber: o modo como a libido é retirada do objeto na melancolia (1917b [1914]) e como se dá seu retorno na esquizofrenia (1914c; 1915c). Segundo Freud, a lentidão da retirada da catexia do objeto perdido na melancolia, que dá a impressão de nada mudar, deve-se à complexidade da representação-coisa em jogo nessa patologia (1917b, p. 256). Essa representação concreta é um complexo aberto, quase infinito por não poder ser fechado (a coisa-em-si é inapreensível), ao contrário da representação palavra, que é um complexo fechado de representações (Freud, 1891, p. 78). O trabalho do luto normal consiste em retirar catexias de um objeto realmente perdido para a conquista do estado normal. Na melancolia (luto patológico), a volta à normalidade consiste na retirada de energia de um objeto perdido na fantasia, ou seja, esvaziar uma representação-coisa; como esta é aberta, o trabalho parece interminável (Freud, 1917b [1914]). Na esquizofrenia, ocorre o contrário. Não há uma perda do objeto, mas uma renúncia a um objeto essencial para o ego, mas proibido pelo superego. A essencialidade do objeto leva a movimentos de retorno ao objeto interditado. Uma vez que o retorno ao objeto em si (representação-coisa) implica ocupar (catexizar) cada um de seus infinitesimais aspectos, o processo parece uma tarefa de Sísifo: a recomposição da totalidade das partículas da coisa-em-si é empresa inexequível para um ego frágil. Nessas circunstâncias, o ego abre mão do objeto-em-si (representação-coisa), aplicando a energia (libido) na palavra que o denomina, ou seja, em sua representação-palavra (Freud, 1914c, pp. 74-75; 1917a [1914], pp. 228-229). A opção é facilitada pela interdição exercida pelo superego em relação ao objeto, de modo que há uma ruptura da ligação entre a representação-coisa e a representação-palavra.

Portanto, no caso do paciente descrito, era preciso reconstruir a ponte entre as duas representações do objeto, ainda que a ocupação da representação-coisa fosse demorada e sofrida. A identificação era o instrumento dessa restauração, como se verá a seguir.

Em que pese Freud não deixar suficientemente claro por que a representação-coisa é aberta e a representação-palavra é fechada, a articulação de tópicos esparsos ao longo de sua obra dá ensejo a conjecturas plausíveis. Como tais estimativas concernem à função primordial de ligação de energia, consequentemente à essência da psicogênese, releva considerá-las aqui.

Freud (1891) reportou-se à filosofia de Stuart Mill para explicar a abertura da representação-coisa:

> [...] a aparência de uma "coisa", cujas propriedades nos são transmitidas pelos sentidos, origina-se apenas no fato de que, ao enumerar as impressões sensoriais percebidas de um objeto, contamos com a possibilidade de um grande número de novas impressões serem adicionadas à cadeia de associações. [...] Esta é a razão por que a ideia da coisa não surge como fechada, na verdade praticamente não pode ser fechada, ao passo que o conceito da palavra se nos apresenta como fechado (p. 78).

A abertura da representação-coisa, semelhante ao conceito kantiano de inapreensibilidade da coisa-em-si, tem sido de certa forma reafirmado pela neurociência. Além do fato sobejamente conhecido de que nossos sentidos só captam pequena parte da realidade, Llinás e Paré (1996) descrevem o cérebro como sistema fechado sem contato direto com o exterior: a ilusão do contato provém da sensação subjetiva da modificação de circuitos neurais por *inputs* sensoriais. Na condição de sistema fechado, o cérebro possui energia própria, funcionando autonomamente:

[...] a cognição, como um estado funcional, pode ser considerada uma propriedade *a priori* do cérebro; isto é, não tem de ser aprendida. Somente o conteúdo particular da cognição, que se relaciona com aspectos particulares do mundo que nos cerca, deve ser aprendido (Llinás & Paré, 1996, p. 5).

Crick, por sua vez, baseado em múltiplas evidências, afirma: "O que você vê não é o que está lá *realmente*; é o que o seu cérebro *acredita* estar lá" (1994, p. 31, grifos do autor). Dir-se-ia que a realidade externa, inapreensível em si mesma, é moldada pela interna.

A fim de ampliar a compreensão desses fenômenos cruciais em termos metapsicológicos, recapitularei, mediante um brevíssimo sumário, a concepção freudiana da gênese do psiquismo, contemplando o desabrochar da mente como afeto, representação, desejo, alucinação, pensamento e consciência.

Quando o choro de um recém-nascido necessitado de alimento é aplacado pela primeira mamada, essa experiência deixa registros mnêmicos de desprazer e prazer. O ressurgimento da necessidade leva-o a desejar repetir a satisfação experimentada antes: realiza o desejo alucinatoriamente, percebendo o registro mnêmico como fato real. A persistência da necessidade exige renovação da amamentação, repetições sucessivas deste processo levando a mente do bebê a deixar progressivamente de regular-se pelo processo primário do automatismo prazer-desprazer, substituindo-o pelo processo secundário do pensamento (Freud, 1900, pp. 564-565). A presença física do objeto é condição *sine qua non* para a preservação da vida, já que a realização alucinatória do desejo não satisfaz a necessidade real. Uma vez que as necessidades particulares do objeto o impedem de estar diuturnamente ao lado do bebê, não há alternativa senão adaptar-se à sua ausência: a internalização torna-o presente. Porém, a constância interna do objeto demanda um processo diferente da representação concreta que se mostrara insatisfatória no processo alucinatório anterior. A fixidez da internalização se efetiva simultaneamente à percepção do pensamento pela consciência, ou seja, quando a criança adquire autoconsciência (consciência subjetiva) se conscientiza de si mesma. A consciência implica qualidades psíquicas captadas de duas direções: (1) da realidade objetiva (tudo que é material, inclusive o corpo), geradora de percepções e registros mnêmicos, particularmente de prazer e desprazer, desde o início da vida; (2) da realidade subjetiva (pensamento), após o surgimento do processo secundário. Inicialmente, o pensamento não é apreendido pela consciência, funcionando provavelmente como fantasia inconsciente (processo secundário inconsciente). Passa a sê-lo "por meio da ligação dos processos pré-conscientes com o sistema mnêmico de indicações de fala" (Freud, 1900, pp. 573-574).

Freud também não deixou claro como "resíduos de representações verbais" (1900, pp. 611-n.) fazem com que o pensamento pré-consciente se torne consciente. Entretanto, a consideração de alguns fatos pode conduzir a boa compreensão desse fenômeno. A fala permite reconhecer a presença do objeto mesmo sem a participação de outros sentidos do ouvinte – a audição é o órgão sensorial que melhor se presta à percepção isolada; os demais se conjugam em maior ou menor grau, produzindo representações de acentuada concretude. Ouvindo a mãe, o bebê assegura-se de sua presença sem precisar vê-la ou tocá-la. Por sua vez, quando começa a falar, o bebê se expressa em igualdade de condições com ela – ao reproduzir sons verbais semelhantes aos dela, identifica-se plenamente com ela, habilitando-se a separar-se temporariamente, por tê-la internalizado com firmeza: a ausência transforma-se em presença. A solidez da internalização implica unir a representação-coisa preexistente (concreta) à representação-palavra ulterior; assim, o pensamento abstrato torna-se apreensível pela consciência, da mesma forma que o objeto ausente se fez presente por sua introjeção verbal. A representação-coisa (concreta), instável e fugidia por ser aberta, depende da presença real do objeto. A representação-palavra, estável e constante por ser fechada, promove segura identificação com o objeto – ou seja, o objeto (mundo externo-aberto) tornou-se sujeito (mundo interno-fechado).

Assim, a representação-coisa é aberta e inapreensível por depender da coisa externa, circunstância que a situa fora do controle da mente. O domínio do ego sobre a representação-coisa tem início com o aspecto sensorial da fala (representação da voz e da fala maternas) e se completa com o aspecto motor (representação da repetição ativa da fala materna por parte do bebê), fator-chave da fusão coisa-palavra. Essa fusão implica identificação plena com o objeto, ao mesmo tempo que confere identidade própria ao bebê – repetindo a fala materna, aos poucos o bebê percebe que o faz com sua própria voz. Como mostra Freud, o aspecto motor (fala) torna a palavra "duplamente determinada", pois o sujeito ouve a própria fala (1891, p. 73), advindo daí não só a fixação definitiva da internalização do objeto, como também a conscientização do pensamento. A palavra, ao dar significado à coisa, fecha-a, tornando-a aderida ao ego. Por isso, a palavra só tem importância quando significa alguma coisa, sendo destituída de valor como coisa por si mesma. Nesse sentido, a relação coisa-palavra refletiria a tendência primaz de ligação pelo ego da energia livre do id.

Acompanhar o processamento desses fenômenos é estar par em par com o evoluir do psiquismo. Por exemplo, um pedaço de pano pode ser destituído de valor; no entanto, se investido da qualidade de bandeira, pode ter valor extremo. Temos aqui uma coisa simbolizando outra coisa, e seu valor só atinge tal culminância por representar o símbolo primordial, ou seja, a imago resultante da introjeção da mãe em fase simbiótica como coisa-palavra – a bandeira seria então símbolo de algo abstrato (pátria) que, por sua vez, simbolizaria a imago materna. Nesse caso, o símbolo concreto (bandeira) lembra o pano mantido por uma criança junto a si como representação concreta da fusão mãe-bebê (o objeto transicional conceituado por Winnicott, 1951, pp. 229-242) – aqui, a diferença fundamental é que o objeto transicional possui características de equação simbólica (Segal, 1957, p. 393), estando no âmbito da representação-coisa, motivo por que não é um símbolo genuíno como a bandeira o é. Por isso, em vez de simbolizar, o psicótico faz equações simbólicas como os bebês em fase simbiótica.

Sonho: psicose normal – Psicose: sonho patológico

Esses meandros do funcionamento mental indicam que, ao relatar sonhos, o paciente expunha parcela de ego atuante fora do casulo narcísico concreto, em um patamar simbólico e objetal. O nível concreto anterior não produzia um sonho lembrável por estar no âmbito da representação-coisa, inconsciente e não comunicável ao objeto; o simbolismo abstrato é da esfera da representação--palavra característica da comunicação verbal. A pobreza de suas alocuções, que tornava penoso ouvi-lo, derivava dessa característica do pensamento concreto. A modificação desse estado costuma depender da capacidade do objeto de conviver com o universo concreto, circunstância em que o *holding* objetal provê o fechamento da coisa aberta infinitamente, dando ao ego confiança para sair do reduto narcísico ao qual tivera de recolher-se para obter a ilusão de fechar a concretude infinitamente aberta. Em outros termos, o ego psicótico do paciente funcionava de início oniricamente – a psicose era em si mesma uma forma de comunicação de sonho. Sonhar, lembrar-se do sonho e relatá-lo, tudo isso indicava um ego com capacidade de pensamento simbólico suficiente para dotar a elaboração onírica secundária da qualidade verbal necessária para torná-lo narrável. A lembrança

Sonho e psicose – Aspectos metapsicológicos e clínicos **159**

do sonho e a capacidade de contá-lo revelavam o ego começando a dar mostras de procura do objeto.

A diferença essencial entre a psicose e o sonho resume-se então no seguinte: na primeira, o ego não está suficientemente preservado para observar-se, descrever-se adequadamente e comunicar-se com um objeto; no segundo, o ego deve ter uma parcela sadia apta a, pelo menos, observar-se e perceber seus diferentes estados, podendo discernir entre sonho e pensamento de vigília, condição *sine qua non* para contar o sonho. Assim, por definição, o relato de sonho é expressão de porção sadia do ego, capaz de ver-se como identidade inserida em uma história. A presença de um ego observador inteiramente preservado torna possível a eficácia do método psicanalítico tradicional, configurado segundo o parâmetro das psiconeuroses de defesa. Deve-se à universalização desse paradigma a limitação da psicanálise em face de transtornos com graves lesões do ego observador. Como foi visto antes, Freud percebeu isso ao admitir ser desejável criar-se uma nova técnica para as patologias narcísicas, que deveria ser diferente da aplicada às neuroses (1916/1917, pp. 422-423). Não obstante estivesse se referindo às psicoses, estendeu a necessidade de abordagem técnica diferente a neuroses graves (Freud, 1919 [1918], pp. 165-166), fato compreensível se considerarmos a presença de núcleos narcísicos (psicóticos) em neuroses e transtornos de caráter graves.

Efetivamente, tendo em vista a consubstancialidade de sonho e psicose, deve-se suspeitar de relevante núcleo psicótico subjacente quando um paciente sem manifestações psicóticas visíveis nunca se lembra de haver sonhado à noite. A incapacidade de cumprir a regra fundamental é corolário natural dessa amnésia onírica: em vez de associação livre, fazem-se relatos factuais, costumeiramente prolixos, dispersos e tediosos envolvendo trivialidades do cotidiano, ou queixas banais geralmente relacionadas ao corpo, de natureza narcísica. Às vezes, o núcleo psicótico se manifesta sob a forma de conduta imatura, impulsiva, agressiva e inadequada socialmente, configurando personalidade narcísica *borderline*. Quando uma poderosa armadura caracterológica disfarça um *self* falso (Winnicott, 1960, pp. 140-152), a tendência ao concreto pode ser usada operativamente, propiciando êxito profissional e enriquecimento material, paralelamente à pobreza afetiva e vida pessoal insatisfatória e conturbada. Na análise, o raciocínio concreto dificulta a obtenção de *insights*, sendo o analista constantemente solicitado a esclarecer cada detalhe das interpretações, procedimento cujo propósito é isolar a representação de sua quota de afeto, ou seja, as duas ficam separadas.

Essa técnica obsessiva é comumente a ponta de defesa mais radical (divisão), cujo intuito é separar a representação-palavra da representação-coisa. Uma vez que a representação-coisa corresponde às "primeiras e verdadeiras catexias objetais" (Freud, 1915c, p. 201), ela é o repositório dos afetos – lembremos que estes são descargas corporais internas, concretas por natureza (Freud, 1915c, p. 179, n. 1). Em consequência, a separação entre as representações destitui a representação-palavra do conteúdo afetivo, tornando a interpretação inútil. Pessoas cujo início da verbalização foi excessivamente tardio têm mostrado essa característica no processo psicanalítico, em consonância com o que foi exposto a respeito do aspecto motor da fala como protagonista da assimilação da representação-coisa pela representação-palavra, indispensável ao pensamento simbólico abstrato.

Parte 3

Metapsicologia científica e o ser humano como unidade sociobiológica

capítulo  9

Metapsicologia e consiliência

Como anunciei na introdução, uma vez mostrados os fundamentos científicos da ação terapêutica, exponho a seguir o que considero uma perspectiva de se chegar a uma psicanálise científica que contemple o ser humano integral.

Diante do espantoso desenvolvimento da biologia a partir da segunda metade do século XX, Edward Wilson propôs a unificação de todo o conhecimento em torno dessa ciência. A biologia seria o núcleo em redor do qual girariam as demais modalidades científicas, naturais e humanas, levando em conta que a meta final de qualquer ciência é beneficiar a vida humana. Criador da sociobiologia, Wilson acredita que "a fragmentação do conhecimento e o caos resultante na filosofia não refletem o mundo real, mas artefatos acadêmicos" (1998, p. 8). Chamou a unificação proposta de "consiliência", reabilitando o termo da filosofia da ciência do século XIX caído em desuso, que dizia respeito ao resultado comum de experiências em campos distintos, uma forma de testar a verdade de uma teoria; literalmente, o termo significa "saltar em conjunto", algo semelhante à interdisciplinaridade.

Levando em conta peculiaridades da psicanálise, pretendo sugerir que a metapsicologia, entendida no contexto freudiano original de psicologia que se extravasa para a biologia, enseja uma visão do ser humano que a qualifica a realizar mais adequadamente a unificação proposta por Wilson. Nada caracteriza mais o ser humano que sua mente, e a metapsicologia é a única teoria geral que a concebe desde sua fonte biológica até sua manifestação social. Assim, consideremos as principais abordagens científicas da mente.

A psiquiatria, a psicologia e a psicanálise têm a mente por finalidade última, como está implícito na raiz comum de seus nomes. O fato de usarem métodos distintos decorre da imaterialidade de seu objeto de estudos, cujos limites são indefinidos. Já a neurociência tem-se ocupado tradicionalmente do sistema nervoso, cuja materialidade incontroversa a diferenciou dos campos voltados para o psiquismo.

Não obstante seus diferentes métodos, a neurologia e a psiquiatria sempre estiveram próximas, por serem procedimentos médicos e terem a farmacologia por instrumento terapêutico primordial. No que concerne à mente em si, tradicionalmente a neurologia não se propôs a investigá-la, ao passo que a psiquiatria clássica dedicou-se a descrever quadros psicopatológicos de um ponto de vista fenomenológico, sendo o psiquismo exposto segundo manifestações da consciência, geralmente com enfoque filosófico. À medida que a neurociência progrediu, revelando fenômenos como bioeletrogênese e neurotransmissão, além de exibir imagens da atividade cerebral associadas a fenômenos psíquicos, a psiquiatria passou a dar mais e mais atenção aos aspectos neuroquímicos da mente e cada vez menos à psicopatologia orientada filosoficamente. Tende-se hoje, por exemplo, a acreditar que a esquizofrenia, além de seus aspectos genéticos praticamente consensuais, tem origem em distúrbios relacionados a neurotransmissores e seus receptores, em certos locais do cérebro.

A psicologia clássica esteve sempre fora do campo médico, estudando os fenômenos mentais conscientes, sem maior preocupação com as origens biológicas, da esfera da medicina. A psicanálise, por sua vez, em que pese sua natureza psicológica, caracteriza-se por lidar com fenômenos inconscientes, motivo por que ficou conhecida como psicologia profunda. A despeito de não incluir fármacos em seu método terapêutico, sua peculiar teoria do aparelho psíquico a aproxima da neurociência atual: a teoria geral freudiana finca suas raízes na biologia, da qual são retirados os conceitos essenciais de *Trieb* e energia psíquica. Na verdade, Freud foi um pesquisador no campo da neurofisiologia que, embora tenha criado a psicanálise como ciência psicológica, manteve o pensamento voltado para a biologia. Inicialmente, planejou criar uma psicologia para neurologistas, na qual pretendia "representar processos psíquicos como estados quantitativamente determinados de partículas materiais" (Freud, 1950 [1895], p. 295). Não conseguindo levar a cabo essa psicologia neurológica, transformou-a na psicanálise propriamente dita, que incluía um método psicoterápico e uma teoria geral da mente. Mais tarde, deu a esta última o nome de metapsicologia, com o qual caracterizava uma psicologia que mantinha a essência do projeto neuropsicológico anterior. Portanto, a psicanálise freudiana nunca se distanciou de suas raízes biológicas.

Apesar de historicamente desvinculada do estudo da mente, uma vez que a consciência era considerada fenômeno subjetivo inapreensível pela ciência, a neurologia mudou esse cenário depois que fenômenos psíquicos começaram a ser investigados objetivamente. Aos poucos, aspectos anatômicos, fisiológicos e bioquímicos de percepção, memória, atenção, sonho, emoções, entre outros, começaram a ser demonstrados laboratorialmente, produzindo em cerca de vinte anos um avanço jamais experimentado pelo estudo objetivo da mente em toda a história do conhecimento humano. Passou a ser consensual a ideia de que mesmo a consciência, que sempre pareceu um reduto inalcançável pela ciência, estará dissecada em pouco tempo.

Embora as previsões atuais sejam especulações baseadas em experiências que mal se iniciam, não parece difícil supor o que acontecerá em futuro próximo, mesmo que algumas conjecturas possam não se realizar exatamente como foram imaginadas. Sabe-se, por exemplo, que nem sempre a evolução se deu como Darwin a descreveu, mas nem por isso sua ideia geral deixou de ser comprovada. Fatos semelhantes podem ser ditos em relação à geometria euclidiana, à gravitação newtoniana, ou mesmo à relatividade einsteiniana. O fato é que a teoria evolucionária atual permite prever a futura comprovação de que o ser humano é um animal que se insere no mesmo contexto evolutivo das demais espécies, sendo tudo nele, inclusive a consciência, produto de adaptação natural. Nessas circunstâncias, não há por que a mente deixar de ser esquadrinhada pelas ciências naturais, que deve agora incluir as psicológicas, ideia sempre defendida por Freud, para quem a psicanálise é ciência natural.

Essa é a realidade que a ciência do século XXI nos apresenta: a evidência de um *continuum* mente-cérebro é provavelmente o futuro traço de união entre psicanálise, psicologia, psiquiatria e neurociência. Neste sentido, há teorias neurocientíficas sugerindo que o cérebro é um sistema fechado, com capacidade de gerar sua própria excitação, o qual é modificado pela interação com *inputs* sensoriais provenientes do exterior, em decorrência de esse sistema fazer parte de um organismo que depende de outro organismo para manter-se vivo. Como esse outro organismo também tem seu próprio sistema fechado, temos que a interação entre ambos gera mútuas alterações. O fato de a mente resultar da atividade do cérebro faz com que a interação entre os dois sistemas fechados seja, de fato, uma comunicação entre as mentes correspondentes, as quais se modificam de forma recíproca. *Ipso facto*, quando duas mentes se comunicam por qualquer via, seja cognitiva, seja afetiva, os cérebros respectivos se modificam. A neurociência esclarece como isto é possível, ao considerar que os *inputs* sensoriais derivados das relações objetais modificam a intimidade dos neurônios, criando um sistema de informações semelhante ao código Morse, deixando registros afetivos e cognitivos sob a forma de representações. A mente reflete o ato de processamento dessas informações pelo cérebro (Crick, 1994; Damásio, 1994; 1999; Llinás & Paré, 1996; Hobson, 1994; Wilson, 1998; Pinker, 2002).

Assim, pode-se exercer influência sobre a mente de dois modos: (1) por meio de fármacos que agem diretamente sobre a neuroquímica cerebral; (2) por relações intersubjetivas capazes de criar novos sistemas de informação codificados a partir do registro de *inputs* sensoriais, ou de modificar sistemas formados anteriormente.

O primeiro método é aquele empregado classicamente pela psiquiatria. O segundo tem sido objeto da psicologia em geral e da psicanálise mais particularmente, na medida em que esta se dedicou a penetrar nas camadas mais íntimas da mente, em nível de profundidade que tangencia o orgânico. Sendo exclusivamente psicológico, o método psicanalítico não faz uso de fármacos, ainda que o psicanalista seja médico e possa atender outros pacientes psiquiatricamente, isto é, fazendo uso de medicamentos. Quando seu paciente se encontra em análise, de um modo geral encaminha-o a um colega psiquiatra que possa medicá-lo, em virtude de a técnica psicanalítica exigir essa conduta. O psiquiatra, por sua vez, além do método farmacológico, costuma dar suporte psicológico a seu paciente, seja por meio de orientação direta, seja pelo emprego de um processo psicoterápico qualquer. O psicanalista com formação psiquiátrica às vezes também adota esse procedimento, ou seja, medica e dá assistência psicológica, na maioria das vezes, por meio de psicoterapia orientada psicanaliticamente – esta, apesar de semelhante ao método psicanalítico, não é exatamente igual a este.

A diferença fundamental é que a psiquiatria se caracteriza pelo uso de fármacos, apesar de também incluir assistência psicológica. A psicanálise se distingue por usar método exclusivamente psicológico: quando o psicanalista emprega medicamentos está, por definição, deixando de praticar o método psicanalítico propriamente dito, mas a psiquiatria. Da mesma forma, se o psiquiatra não usa método farmacológico, mas apenas psicoterápico, não está empregando a psiquiatria em si, mas a psicologia.

É relevante que se façam tais distinções, agora que a neurociência retirou da mente a prerrogativa multimilenar de entidade autônoma, sendo consensual sua continuidade com o cérebro. Retornando ao que foi abordado na introdução, essa evidência tem levado à esperança de que os quadros psicopatológicos possam vir a ser tratados apenas pela via farmacológica. Entretanto, há diversos indícios da inviabilidade dessa expectativa. É verdade que substâncias químicas podem alterar processos mentais, mas é pouco provável que consigam sozinhas criar mentes hígidas. Muitos supõem que a impossibilidade é transitória, devendo as circunstâncias mudarem quando os circuitos neurais estiverem completamente mapeados, os neurotransmissores mais conhecidos, caminhando-se não apenas no espaço intersináptico, mas penetrando-se no interior do neurônio através da membrana celular e no próprio núcleo, chegando-se ao nível genético. Há até quem especule sobre fenômenos quânticos no interior dos microtúbulos celulares (Penrose, 1994).

Um olhar apressado aponta no sentido de uma solução apenas biológica para os transtornos mentais. Contudo, a neurociência não mostra apenas esses dados. Revela também a importância do ambiente para o desenvolvimento normal de qualquer organismo vivo.

Se a interação com o meio é fundamental para o exercício da vida em geral, no que concerne ao desenvolvimento mental, a relação com outros seres humanos é decisiva, tendo em vista que potenciais herdados geneticamente só se desenvolvem se estimulados por outras pessoas. Desse modo, a função materna, sob a forma de proteção e suprimento de alimento e atmosfera afetiva conveniente, foi o meio engendrado pela natureza para promover o desenvolvimento mental equilibrado, no qual está implicada a formação de circuitos neurais contendo representações das experiências trocadas com o ambiente afetivo. Portanto, a partir de um núcleo adquirido por herança genética, a mente se constitui por meio de relações interpessoais geradoras de *inputs* sensoriais

168 A ação terapêutica da psicanálise e a neurociência

que desenvolvem e modificam o plano genético preestabelecido, em virtude da capacidade única da célula nervosa de registrar experiências sensoriais, isto é, de representar as relações interpessoais experimentadas afetivamente. É evidente que tudo isso se passa em nível neuronal, daí a possibilidade de fármacos poderem influir sobre o processo mental. No entanto, essa influência é sempre artificial e não exclui o método natural da relação intersubjetiva, que deve sempre ser empregado, principalmente agora que sabemos como a afetividade influi sobre a química cerebral.

Vem a propósito lembrar a seguinte declaração de Freud (1940a [1938]):

Estamos aqui tratando da terapia que usa apenas meios psicológicos; e por ora não temos qualquer outra. O futuro pode ensinar-nos a exercer uma influência direta, por meio de substâncias químicas particulares, sobre quantidades de energia e sua distribuição no aparelho mental. Mas no momento não temos nada melhor a nossa disposição do que a técnica da psicanálise, e por esta razão, a despeito de suas limitações, ela não deveria ser desprezada (p. 182).

A previsão se cumpriu, podendo-se hoje agir diretamente sobre a mente por meio de substâncias químicas, mas continua válida a advertência de que não se deve subestimar a psicanálise. A mente é produto de trama entretecida por toda uma história de relações afetivas, de modo que só novas experiências afetivas podem mudar essa teia, alterando a mente de forma adequada. De acordo com o que vem sendo exposto ao longo deste livro, o método psicanalítico se destina a promover essa modificação por meio da reprodução transferencial da atmosfera afetiva da pré-história do indivíduo, de modo a permitir ao analista, em face do clima transferencial facilitador, prover novo modelo de relação objetal capaz de mudar o anterior.

As limitações da psicanálise decorrem do fato de sua reprodução da história afetiva ser apenas parcial, na medida em que o paciente adulto já está com a mente estruturada, de modo a poder modificá-la apenas parcialmente. Sendo a transferência um fenômeno regressivo, o paciente revive somente uma parcela de suas experiências emocionais mais remotas, uma vez que uma parte de sua personalidade se mantém imune à regressão. Dessa forma, a construção de novo modelo de relação interpessoal é semelhante ao modo como uma pessoa de idade aprende a falar outra língua: com dificuldade e geralmente com sotaque, mesmo depois de longo tempo de aprendizagem e exposição ao novo idioma. Evidentemente, há diversas psicoterapias possíveis, mas a psicanálise distingue-se por usar a transferência para reestruturar a mente.

Diversos fatores participam da produção de transtornos de desenvolvimento, desde os componentes genéticos até os grandes traumas eventuais, pontos extremos entre os quais se situa ampla gama de atitudes inadequadas por parte dos responsáveis pela função materna. Dentre esses fatores intermediários, se incluem microtraumas do cotidiano, causados por condutas parentais pouco empáticas que comumente passam despercebidas, mas que podem ser observadas na reprodução transferencial ocorrida no *setting* analítico. O conjunto desses fatores, dependendo da intensidade, da frequência e da fase de desenvolvimento, pode gerar fenômenos que se estendem da normalidade às psicoses, com uma multiplicidade de manifestações patológicas formando uma gradação entre as duas pontas.

É a gravidade do transtorno mental que dá a medida da intervenção terapêutica necessária. De um modo geral, pode-se tomar como critério de indicação apenas do método psicológico natural da psicanálise para pessoas adultas, quando o transtorno não as impede de manter suas atividades normais, profissionais e de lazer, e não lhes traz conflitos nas relações interpessoais capazes de inviabilizá-las. Quando há necessidade da intervenção farmacológica, esta deve ser acompanhada do procedimento psicológico adequado, pelos motivos expostos acima. Por isso, é desejável que o psiquiatra seja capaz de dominar um método psicoterápico qualquer, com o qual possa complementar a terapia farmacológica, devendo encaminhar seu paciente para uma psicoterapia especializada quando o método que é capaz de aplicar não for suficiente para aquele caso.

Estamos, pois, diante de um *continuum* formado, em uma extremidade, pelo método psicológico natural, emulador da função materna – a psicanálise –, e, na outra, pelo método psicofarmacológico artificial, que mimetiza substâncias liberadas endogenamente (psiquiatria biológica, psiquiatria molecular etc.). No meio, temos procedimentos psicológicos puros que não usam a transferência como instrumento técnico (as psicoterapias em geral) e misturas de métodos psicológicos e farmacológicos, que constituem a psiquiatria propriamente dita, não adjetivada.

Como foi visto antes, estudos neurocientíficos têm demonstrado que a mente é formada por *inputs* sensoriais que deixam representações em circuitos neurais constituídos filogeneticamente. Desse modo, o processo mental implica a história de experiências tidas durante toda a vida, cujo início, apesar de indistinto, pode

170 A ação terapêutica da psicanálise e a neurociência

ser retrotraído ao período fetal, se estiver correta a hipótese citada anteriormente de Crick e Mitchison (1983) de que o sonho tem função de aprendizagem reversa. Nessa perspectiva, qualquer estudo do ser humano, para ser completo, deve abranger sua constituição biológica e a história de sua relação com pessoas afetivamente significativas, fato que implica um meio social.

Agora que sabemos como as relações humanas (ambiente social) moldam a personalidade por meio de alterações cerebrais, em vez de nos voltarmos apenas para o ser biológico, cumpre considerar o contexto em que o ser humano se relaciona com outras pessoas, pois o relacionamento produz alterações neuroquímicas, geradoras de consequências somáticas gerais.

Parece que caminhamos para dar razão a Freud, quando dizia que a psicanálise em particular, como a psicologia em geral, é uma ciência natural, afirmando que a sociologia é psicologia aplicada (1933, p. 180). Em linha semelhante, Hartmann dizia que a relação mãe-bebê, por sua natureza especial, embora seja social, é também biológica, ideia que entrelaça de modo inextricável o biológico e o social (1958 [1939], p. 32). Segundo esse autor: "Freud unificou os pontos de vista biológico e social" (1958 [1939], p. 31). Uma vez que a vida só existe em um meio em que se realizam trocas, isolar uma pessoa é inviabilizar sua existência. Conforme Hegel (citado por Engels, 1879) filosofou:

> [...] os membros e os órgãos de um corpo não são apenas partes desse organismo. É na sua unidade que são o que são, e não há dúvidas de que são modificados por essa unidade assim como, por seu lado, também a modificam. Estes membros e estes órgãos só se transformam em partes nas mãos do anatomista, que, recordemo-lo, não se ocupa do corpo vivo, mas sim do cadáver (p. 222).

Da mesma forma, o homem biológico é uma abstração, pois ele só é real como ser também social, conjunção que o torna ser psicológico.

Considerando que a mente é a representação das alterações provocadas por relações objetais (sociais) sobre o cérebro constituído filogeneticamente, o ser psicológico é uma síntese dos polos biológico e social. Segundo Damásio, a mente resulta da característica única da célula nervosa de representar diretamente outras células e as funções de seus respectivos órgãos, assim como também representa indiretamente tudo que interage com o organismo (Damásio, 1999). A mente resulta, pois, da representação do corpo e do ambiente com o qual o corpo entra em contato. Uma vez que no início da vida as necessidades do corpo só podem ser satisfeitas por outra pessoa, temos que as primeiras representações coincidem com sensações de desprazer causadas pelas necessidades orgânicas, as quais são sucedidas por sensações de prazer quando as necessidades são satisfeitas por um objeto. Desse modo, o início da formação da mente coincide com a representação da relação objetal primordial, como resultado de uma necessidade biológica satisfeita por uma interação com outra pessoa humana – em suma, é a fusão dos fatores biológico e social intrínsecos à relação mãe-bebê.

Freud falou desse fenômeno básico da formação da mente ao mostrar que o desejo é uma necessidade orgânica transposta para o plano psíquico, depois que o desprazer da necessidade é substituído pelo prazer da satisfação (1900, pp. 565--567). Em outras palavras, o desejo, como um fenômeno psíquico, é uma representação que embute uma necessidade biológica e o ser humano que a satisfaz, ou seja, o psíquico sintetiza os polos antitéticos constituídos pelo biológico e o social. O ser humano expressa sua dupla condição sociobiológica por meio da mente, ou seja, como ser psicológico. Assim sendo, uma psicologia que reflita o ser humano integral não pode deixar de contemplar os dois elementos que a constituem.

Como método terapêutico, ao privilegiar o enfoque farmacológico, a psiquiatria clássica tem considerado, sobretudo, o aspecto biológico. A psicologia, de um modo geral, tem enfocado o lado social, no sentido que este termo está sendo aqui empregado, como influência direta de uma pessoa sobre outra. A psicanálise, em particular, está atenta ao papel desempenhado pela relação intersubjetiva na constituição da mente, sem perder de vista o fato de esta ser originária de necessidades biológicas. A psicanálise moderna, centrada na relação intersubjetiva, que está se aproximando da neurociência para demonstrar suas hipóteses teóricas, me parece ser a expressão por excelência da síntese aqui descrita, em que o ser humano se apresenta em sua integridade. Ao ver a psicanálise como ciência natural, Freud já levava em conta essa característica da síntese, sobretudo ao descrevê-la como uma metapsicologia, termo com o qual deixava a consciência para trás e fazia sua psicologia do inconsciente mergulhar na biologia.

A biologia não parece, pois, a ciência mais adequada para centralizar o conhecimento como propôs Wilson com sua "consiliência", uma vez que não estuda a mente propriamente dita, mas o cérebro. Sendo a mente o fator distintivo do *Homo sapiens*, qualquer exame do ser humano que não a tome como base será incompleto. Assim, na perspectiva da síntese aqui exposta, a psicologia, ou, mais especificamente, a metapsicologia originalmente concebida por Freud, parece

172 A ação terapêutica da psicanálise e a neurociência

mais efetiva para eventual unificação do conhecimento. Para isso, é conveniente dotá-la de características inequivocamente científicas, o que pode ser alcançado mediante sua compatibilização com a neurociência.

A metapsicologia passou por longa latência antes de luzir como "a consumação da investigação psicanalítica" (Freud, 1915c) e ser chamada de "feiticeira" por deslindar as mais intrincadas questões teóricas (Freud, 1937b). Antes disso, Freud pretendera dar o nome de metapsicologia à teoria psicológica por ele criada a partir dos dados colhidos na prática clínica da psicoterapia inventada por Breuer. Usou o termo psicanálise pela primeira vez em 1896 para nomear essa *psicoterapia*, a que se referiu como "o procedimento exploratório de Breuer" (Freud, 1896, p. 151). No mesmo ano, aludiu informalmente à *nova psicologia* que criara como "*meta* psicologia", em carta a Fliess de 13 de fevereiro de 1896 (Freud, 1985 [1887-1904], p. 172). Dois anos depois, em carta de 10 de março de 1898, formalizou a intenção de dar à *sua* psicologia o nome de *metapsicologia*, para distingui-la da baseada no consciente; nessa ocasião, afirmou que a interpretação dos sonhos "trouxe apenas a solução psicológica, e não a biológica, ou melhor, a metapsíquica" (Freud, 1985 [1887-1904], p. 301), declaração por meio da qual deixou transparecer pela primeira vez o que concebia como metapsicologia: algo além da psicologia, tangenciando a biologia.

Embora tenha desistido de dar o nome de metapsicologia à nova ciência por ele concebida, optando por estender-lhe o nome de psicanálise empregado antes para designar apenas o método terapêutico, manteve secretamente o projeto metapsicológico original, compondo insuspeitado díptico com a incógnita e ambiciosa "psicologia para neurologistas", de 1895. Ao trazê-lo a lume em 1915, lacunas evidentes geravam obscuridades notórias: só foram publicados cinco dos doze artigos metapsicológicos planejados, de modo que não realizou o desejo de estabelecer sua abrangente teoria geral da mente. Porém, a estrutura ficou bem estabelecida. Quotas de afeto e representações surgiram como células da mente, com aspectos topográficos, econômicos e dinâmicos. O psiquismo foi exposto como resultante das vicissitudes de impulso instintivo (*Trieb*) cuja força premente não se detém perante obstáculos interpostos no trajeto entre sua fonte somática e a descarga em um objeto. A energia imanente ao *Trieb* nunca foi explicada: foram mostradas apenas suas duas formas, livre e ligada, com a esperança de que a biologia esclarecesse sua natureza.

As obscuridades inerentes a um sistema baseado em conceitos biológicos ainda incipientes ensejaram que a maioria dos psicanalistas se afastasse progressivamente da genuína metapsicologia. Ademais, a associação psíquico-biológica sempre desagradou aos que viram na psicanálise uma ciência humana, ou uma quase filosofia distante da letra e do espírito freudianos. Mas a recente evidência científica de que a mente é manifestação virtual da atividade cerebral revigora a ideia metapsicológica original. Embora psicanálise e neurociência tenham métodos e propósitos diferentes e inconfundíveis, os achados da última estimulam a retomada do projeto freudiano, não como regressão à "psicologia para neurologistas" do século XIX, mas como avanço para a *metapsicologia científica* do século XXI, substrato de uma moderna psicanálise capaz de definir conceitos psicológicos com clareza e fundamentar procedimentos clínicos.

Com o intuito de refletir sobre a importância da concepção de uma metapsicologia científica para aprofundar o conhecimento não só sobre a ação terapêutica, mas também sobre o ser humano civilizado, passo a dar uma ideia de como poderia ser uma visão da psicanálise moderna a respeito de alguns conceitos fundamentais, como o inconsciente e a consciência, sobretudo agora que esta última, depois de ter sido considerada mistério insondável durante milênios, tornou-se objeto de investigação neurocientífica. A psicanálise, como a ciência em geral, sempre passou ao largo da consciência. Agora que a ciência se volta para ela, é desejável que a psicanálise deixe de omitir-se em relação a esse fenômeno cardeal, retomando estudos que Freud não ousou, ou não pôde, aprofundar, os quais nunca saíram da fase embrionária. A seguir, será feita uma tentativa de situar a psicanálise nos estudos científicos dessa questão obscura, polêmica e fascinante.

capítulo 10

O ego, o inconsciente e a consciência

A psicanálise e a consciência

O fato de a psicanálise ter-se iniciado como a psicoterapia revolucionária que descobriu a origem inconsciente dos sintomas psicopatológicos fez com que deixasse de lado o estudo da consciência. A elucidação dos fatores inconscientes causadores de patologias era tarefa nova, exaustiva e excitante o suficiente para absorver toda a atenção, de modo que os fenômenos conscientes permaneceram no campo da filosofia e da psicologia tradicional. No entanto, apesar de privilegiar o inconsciente, o fato de Freud ter sempre pretendido criar uma psicologia geral implicava não deixar a consciência de fora; era preciso explicar esse fenômeno fulcral, condição indispensável a qualquer conhecimento. Por isso, arranjou-lhe um lugar no projeto neuropsicológico de 1895, onde concebia "os processos psíquicos como estados quantitativamente determinados de partículas materiais especificáveis", que constituíam três diferentes tipos de neurônios (Freud, 1950 [1895], p. 297). Depois de abandonar o projeto neuropsicológico,

176 A ação terapêutica da psicanálise e a neurociência

continuou a procurar uma função para a consciência em termos apropriadamente psicanalíticos. Atribuiu-lhe o papel de agência regulatória com características de órgão sensorial.

Não obstante dedicar a vida inteira a demonstrar que mesmo as operações mentais superiores podem prescindir da consciência, conferiu a esta a função de regular a quantidade de energia mental móvel por meio de sua capacidade de apreensão de qualidades psíquicas: "Com a ajuda de sua percepção de prazer e desprazer ela influencia a descarga das catexias dentro do aparelho que de outro modo operaria por meio de deslocamento de quantidades" (Freud, 1900, p. 616). Em outras palavras, a percepção de prazer e desprazer tem o condão de transformar as quantidades móveis de energia em qualidades, produzindo efeito regulador decisivo sobre a mente, na medida em que a descarga livre de energia é controlada. A consciência do desprazer e do prazer introduz o primeiro sistema regulador da mente. Esse sistema, caracterizado por um automatismo intrínseco, aos poucos é substituído por outro mais eficiente, que usa o pensamento para antecipar situações de prazer e desprazer, procurando-as ou evitando-as. Com a capacidade de previsão, o aparelho evita agir sempre de modo emergencial e automático em face dos eventos. Freud observava que o pensamento em si é desprovido de qualidade, isto é, não é percebido pela consciência: "A fim de que os pensamentos possam adquirir qualidade, são associados nos seres humanos às lembranças verbais, cujos resíduos de qualidade são suficientes para atrair a atenção da consciência" (1900, p. 617).

Descrevia a consciência como "um órgão dos sentidos para a apreensão de qualidades psíquicas" (1900, p. 574), que recebe excitações de duas direções:

- Percebe aquelas provenientes da periferia do aparelho psíquico, em que o sistema perceptivo apreende o que vem do exterior e do interior, sobretudo o que se manifesta como prazer e desprazer; a sensação de prazer e desprazer é "quase a única qualidade psíquica vinculada a transposições de energia no interior do aparelho. Todos os outros processos nos sistemas-Ψ, incluindo o *Pcs*, são desprovidos de qualidade psíquica, e assim não podem ser objetos de consciência, exceto se levarem prazer ou desprazer à percepção. Somos então levados a concluir que *essas produções de prazer e desprazer regulam automaticamente o curso dos processos catexiais*" (1900, p. 574, grifos do autor).

- Além dos estados afetivos de prazer e desprazer, a consciência torna-se mais tarde capaz de apreender também os "processos pré-conscientes ligados ao sistema mnêmico de indicações de fala" (Freud, 1900, p. 574), ou seja, recebe as excitações próprias dos pensamentos, quando estes podem ser expressos verbalmente, circunstância em que se tornam conscientes.

Há então uma consciência primária, correspondente à percepção pelos órgãos sensoriais, particularmente de sensações corporais, e uma consciência secundária, relativa à percepção do pensamento verbal, responsável pela noção de um mundo interno constitutivo da subjetividade, de um sujeito de primeira pessoa do singular, ou seja, do eu, que em psicanálise é costumeiramente substituído pelo equivalente latino *ego*, quando se refere à instância psíquica[1].

Freud não foi além dessas considerações a respeito da consciência, a qual distinguia do restante do psiquismo, atribuindo-lhe *status* de instância ao considerá-la com capacidade de emitir sensores (atenção) para perceber qualidades psíquicas. Nada mais que isso parece ter sido acrescentado por seus seguidores, de modo que prevaleceu a ideia de instância psíquica com características perceptivas. Os estudos posteriores se limitaram a essas linhas gerais, centrando-se particularmente nas duas espécies de consciência e no processo de verbalização do pensamento. Dominique Scarfone justifica o desinteresse pelo estudo da consciência por considerá-la da alçada da filosofia, não dizendo respeito aos psicanalistas. Segundo ele, foi por isso que "Freud gastou pouquíssima tinta com esses assuntos" (Scarfone, 2007, p. 13). No entanto, apesar de Freud ter escrito pouco sobre a consciência, não parece que o tenha feito por achá-la fora do âmbito da psicanálise, mas apenas por não existirem conhecimentos objetivos sobre ela. Dotado de espírito eminentemente científico e avesso ao apriorismo filosófico, provavelmente gastaria muita tinta sobre ela se tivesse contado com conhecimentos que só começaram a surgir cinquenta anos depois de sua morte.

Dentre os relativamente escassos trabalhos psicanalíticos sobre a consciência, pode ser destacado o estudo de Antonio Semi (2007), notadamente no que concerne à percepção do pensamento por meio da linguagem verbal, apesar de não ter considerado em seu exame o trabalho sobre a afasia, de longe, o mais

---

1 Em vista da equivalência dos termos "ego" e "eu", os dois são empregados indistintamente ao longo do texto, como pronomes pessoais substantivados equivalentes ao "*Ich*" empregado por Freud.

importante texto de Freud sobre a conscientização do pensamento. A despeito de fazer adiante referência a esse aspecto da consciência, não o focalizarei particularmente, pois pretendo tratar da consciência em si, e não do que é apreendido por ela. Será privilegiada sua relação com a subjetividade, a mais óbvia das manifestações psíquicas, mas também a mais misteriosa, que sempre se manteve impermeável à investigação científica. A aura de inacessibilidade que a cerca há muitos milênios fez com que se tornasse um truísmo considerá-la fora do alcance da ciência, daí ter sido objeto apenas de apriorismos filosóficos. Assim, não é de surpreender que a psicanálise não tivesse até hoje chegado a uma concepção consistente desse fenômeno ímpar, a que nenhum outro se iguala.

A investigação neurocientífica da consciência

Há pouco mais de vinte anos, evidências surgidas inicialmente de cirurgias realizadas no cérebro começaram a fazer crer que a consciência é fenômeno natural e, como tal, passível de investigação pelas ciências naturais. Uma elite de neurocientistas e filósofos da mente, embora ainda não tenham elucidado em definitivo o fenômeno, fizeram observações relevantes que possibilitam vaticinar o fim do mistério da consciência em futuro próximo. O filósofo Daniel Dennett (1991) acredita não ser preciso esperar novas investigações, pois considera o enigma plenamente desvendado, na medida em que acredita ser ela desprovida de existência real, sendo um epifenômeno, simples manifestação virtual e ilusória do funcionamento do cérebro.

Susan Blackmore (2006) afirma ser consensual entre alguns dos mais reputados neurocientistas e filósofos a visão materialista de que a mente é a expressão da atividade cerebral. Assim, é renegada a hipótese dualista, que prevaleceu durante milênios como certeza inabalável, segundo a qual haveria uma entidade imaterial separada do corpo. Embora seja quase unânime a rejeição à visão dualista tradicional, há dois pontos de vista de certa forma diferentes entre os materialistas considerados monistas: (1) o que considera a consciência um produto do cérebro, ou seja, um fenômeno causado pela atividade cerebral; (2) o que não a vê como *produto*, fato que implicaria algo destacado, mas apenas manifestação virtual da atividade cerebral – esta seria o fenômeno real experimentado delusoriamente como consciência. A consciência seria uma reflexão da atividade cerebral, circunstância em que, segundo Patricia Churchland (2006), o fato real seria estudado pela neurociência e seu aspecto virtual pela psicologia. Uma vez que este último ponto de vista me parece o mais afinado com a ciência moderna e que acredito harmonizar-se mais com a metapsicologia freudiana, vou tomá-lo como ponto de partida para expor as relações entre a concepção freudiana do ego e as investigações científicas sobre a consciência.

Sem pretender entrar em especificidades do trabalho de neurocientistas e filósofos, pois minha intenção é mostrar como as ideias referidas até aqui se coadunam com a metapsicologia freudiana, farei um brevíssimo resumo das conclusões a que chegaram alguns desses investigadores que me parecem contribuir para esclarecer as concepções de Freud sobre o ego. Como se poderá observar, a consciência é descrita como processo biológico, à semelhança do que foi conjecturado por Freud no Projeto de 1895.

Benjamin Libet (2004) demonstrou por meio de sucessivas experiências que células cerebrais relacionadas a certas decisões são ativadas algum tempo (cerca de meio segundo) antes de o sujeito da experiência ter consciência de sua decisão, ou seja, a vontade consciente de executar determinada ação surge depois de a execução ter sido ordenada inconscientemente. Essas experiências pioneiras feitas em 1985, quando se deram os primeiros passos no sentido de investigar a consciência em seres humanos, permanecem válidas mesmo depois do constante aprimoramento dos métodos de pesquisa, que chegaram a requintes de sofisticação nos dias atuais.

Experiências posteriores relatadas por Blackmore mostraram que ações aparentemente causadas por determinadas percepções visuais podem preceder a consciência da percepção, evidenciando-se que o trajeto neural que conduz à percepção é diferente do gerador da ação, ou seja, a ação se processa de modo independente da percepção que supostamente a causaria. A ilusão de que a percepção visual é responsável pela ação é descrita nos seguintes termos:

> [...] a informação chega aos olhos e é processada pelo cérebro; isto nos leva à visão consciente do mundo sobre o qual podemos agir. Em outras palavras, devemos ver conscientemente uma coisa antes de podermos agir em relação a ela. Acontece que o cérebro não está, de modo nenhum, organizado desta maneira, e provavelmente não poderíamos sobreviver se estivesse. De fato, existem (pelo menos) duas correntes visuais com funções distintas. A corrente ventral vai do córtex visual primário para o córtex temporal e está envolvida na construção de percepções acuradas do mundo. Mas estas podem levar algum tempo. Assim,

em paralelo com isto, a corrente dorsal se dirige ao lobo parietal e coordena o rápido controle visual-motor. Isto significa que ações rápidas guiadas visualmente, como [...] afastar-se de um obstáculo, podem acontecer muito antes do reconhecimento [percepção] [...] do obstáculo (Blackmore, 2005, pp. 28-29).

Segundo o psicólogo Daniel Wegner (2006, p. 251):

[...] a mente produz ações para nós, e também pensamentos sobre essas ações. Sentimos vontade [de realizar as ações] porque vemos uma conexão causal entre os pensamentos e as ações. Algumas vezes os pensamentos não chegam ali [à percepção] a tempo de preceder as ações.

Nesse caso, processos cerebrais causam, ao mesmo tempo, a percepção da vontade de fazer determinada coisa e a ação a ela correspondente, sem haver uma relação causal entre intenção e ação, sendo ilusória a ideia de que a vontade causou a ação (Wegner, 2006, p. 251). "Parece comumente que temos vontade consciente de nossas ações voluntárias, mas isto é uma ilusão" (Wegner, 2002, p. 2). A ilusão de que a vontade causa a ação confere uma espécie de selo de propriedade, isto é, de responsabilidade pela ação, dando ainda a impressão de haver uma instância virtual, um eu, que tem desejos e pratica ações (Wegner, 2006, p. 252). Apesar de a subjetividade ser virtual e não causar ações objetivas, "a experiência subjetiva é um dos indicadores que temos do sistema objetivo". Assim, ela marca a noção de uma separação entre o indivíduo e as outras pessoas e o mundo externo em geral (Wegner, 2006, p. 254). A ilusão de subjetividade permite conhecer o que há de objetivo no mundo e em nós, particularmente o funcionamento do corpo e do cérebro. Em última análise, permite-nos, nas palavras de Wegner (2006):

[...] a ideia de que faremos um estudo objetivo dos humanos e estaremos aptos a entendê-los como mecanismos. Os maus cientistas seriam os que continuam vendo algum sentido na ideia de que sua vontade consciente é uma experiência psíquica autêntica que se passa em suas mentes, que suas consciências produzem suas atividades (pp. 256-257).

Essa linha de investigação é semelhante à teoria sensório-motora defendida pelo psicólogo Kevin O'Regan (2006) e pelo filósofo Alva Noë (2002), baseada em parte no fenômeno da "cegueira à mudança" (*change blindness*). Por meio da não percepção de mudanças existentes em determinado cenário repetido, os autores mostram que a percepção visual é uma ilusão derivada do movimento dos olhos. Concluem que ver é ação antes que percepção. As cenas só são vistas por receberem a ação dos olhos. A visão estaria implicada no conhecimento de como as ações do sujeito influem sobre as informações recebidas do mundo exterior, que interagem com os movimentos do corpo, quando este pisca os olhos ou se movimenta das mais diversas formas. Segundo essa linha de pesquisa, a visão é uma "grande ilusão". Talvez seja por isso que quando se dorme o mundo externo desaparece para o sujeito; por outro lado, o mundo interno, apesar de prosseguir na atividade cerebral, só é percebido sob a forma de sonho, durante o qual surgem os movimentos rápidos dos olhos, como acredita grande parte dos pesquisadores do sonho – a consciência onírica depende da movimentação dos olhos.

O neurocientista Ramachandran considera o sentimento de livre-arbítrio uma espécie de "racionalização *post hoc*" (2006, p. 196), ou seja, o sujeito dá uma explicação falsa para uma ação praticada, apesar de acreditar que está dizendo a verdade. Relata diversas situações em que indivíduos com lesões cerebrais impeditivas da realização de certos movimentos não admitem a incapacidade motora, estando convictos de que o impedimento é temporário, por causa de motivos flagrantemente falsos. Os mecanismos de negação e racionalização nesses casos são tão óbvios que se assemelham às mentiras ingênuas inventadas por crianças bem pequenas. Só que essas pessoas acreditam nas mentiras inventadas (Ramachandran et al., 1996, p. 37-40; Ramachandran, 2004, p. 103).

Michael Gazzaniga (2002 [1998]), colaborador e prosseguidor das experiências pioneiras de Roger Sperry com a separação dos hemisférios cerebrais, em função das quais este último foi laureado com o prêmio Nobel, relata situações em que pacientes com os hemisférios cerebrais separados cirurgicamente são apresentados a cenas diferentes, de modo que certas imagens só chegam ao hemisfério direito e outras, apenas ao esquerdo. Assim, cada pessoa teria duas consciências diferentes, uma no lado direito e outra no lado esquerdo do cérebro, ambas com livre-arbítrio e experiências sensoriais próprias. No entanto, o hemisfério esquerdo é o único capaz de interpretar o que lhe é mostrado e atribuir propósitos e ações ao sujeito, em razão de possuir capacidade de verbalização. Como o objeto apresentado ao hemisfério direito não era mostrado ao esquerdo, este inventava uma razão para o que na verdade não via, fazendo-o de modo tão infundado, que caracterizava fabulação inequívoca. As experiências mostram que o cérebro é constituído por múltiplos módulos independentes. Como o processamento da linguagem verbal se restringe a alguns desses módulos, o que se passa nos demais costuma ser expresso verbalmente sob a forma de racionalizações ou fabulações.

Francis Crick, ganhador do prêmio Nobel pela descoberta, junto com James Watson, da estrutura em dupla hélice do DNA, mostra que os processos nos circuitos neurais se passam de forma inconsciente; a consciência ocorre quando grupos neuronais são disparados (*fired*) sincronicamente com intensidade e frequência determinadas (cerca de 40 Hertz) em locais diferentes do cérebro (1994). Essa conjunção de neurônios é formada por número relativamente pequeno, talvez em uma faixa entre um a dez por cento do total de neurônios. Concorda com Wegner que a consciência, a subjetividade, o livre-arbítrio, enfim, o eu como instância, são epifenômenos, acreditando em um determinismo neuronal: "Acontece que as pessoas confrontadas com isto escolheram a explicação errada – que há uma espécie de alma ou outra coisa separada do cérebro" (Crick, 2006, pp. 76-77).

Crick (1994) foi bastante incisivo a esse respeito:

A hipótese espantosa, perturbadora, [*astonishing hypothesis*] é que "Você", suas alegrias e sofrimentos, suas lembranças e suas ambições, seu senso de identidade pessoal e livre-arbítrio, são na verdade apenas o comportamento de uma vasta coalizão de células nervosas e suas moléculas associadas. [...] Você não é nada além de um pacote de neurônios (Crick, 1994, p. 3).

Gerald Edelman, outro neurocientista laureado com o prêmio Nobel, também atribui a consciência ao disparo sincrônico de grupos neuronais em regiões distintas do cérebro. Esses neurônios teriam sido agrupados por um processo de "darwinismo neural", chamado de "teoria da seleção de grupos neuronais", de modo que, sendo esses grupos contemporâneos em termos evolucionários, disparam no mesmo tempo (2006). Desse modo, "é suficiente mostrar que as bases neurais da consciência, e não propriamente a consciência, podem fazer as coisas acontecerem" (Edelman, 2004, p. 3).

Daniel Dennett introduziu uma espécie de monismo materialista radical, abolindo o que denominou "teatro cartesiano", representativo da impressão de que um "eu", protótipo do dualismo corpo-mente, assiste ao que se desenrola na mente. Rejeita também o que chama de "materialismo cartesiano", atribuído aos cientistas e filósofos materialistas que, apesar de rejeitarem a dicotomia cérebro-mente, acreditam que a consciência seja um fenômeno extra, um *plus*, resultante da atividade cerebral, uma espécie de correlato neuronal. Ambos, teatro e materialismo cartesianos, indicativos de um eu fenomênico, seriam ilusões surgidas da atividade cerebral – sendo ilusões, não constituem um fenômeno em si. A consciência, o sentimento do eu, é uma ilusão virtual que acompanha o funcionamento neuronal, ou seja, o sentimento da subjetividade e a atividade cerebral são a mesma coisa. Para Dennett, não faz sentido um materialista referir-se a *seu* cérebro percebendo ou fazendo alguma coisa, pois não existe um possuidor do cérebro: o cérebro não *pertence* à pessoa, ele *é* a pessoa – esta é um agente formado pela totalidade do corpo, do qual o cérebro faz parte (1991; 2006).

Patrícia Churchland tem pontos de vista semelhantes aos de Dennet. Para ela, a mente e a consciência, em vez de produzidas pelo cérebro, são a própria atividade do cérebro:

> [...] a corrente elétrica em um fio não é causada por elétrons em movimento; ela *é* elétrons em movimento. Genes não são causados por aglomerados de pares de bases no DNA; eles *são* aglomerados de pares de bases [...] A temperatura não é causada por energia cinética molecular; ela *é* energia cinética molecular (Churchland, 1996, p. 292, grifos da autora). [...] É provável que nossas ideias comumente aceitas sobre raciocínio, livre-arbítrio, o eu, consciência e percepção não tenham mais consistência que ideias pré-científicas sobre substância, fogo, movimento, vida, espaço e tempo (Churchland, 1996, p. 300).

> Em seu poder [das novas teorias sobre a mente] de derrubar as "eternas verdades" do conhecimento popular, esta revolução será pelo menos igual às revoluções copernicana e darwiniana. Já é evidente que alguns conceitos psicológicos populares profundamente enraizados, como memória, conhecimento e consciência, são fragmentários e serão substituídos por categorias mais adequadas (Churchland, 1986, p. 481).

> Quanto mais aprendemos a entender como o cérebro trabalha num nível baixo, tanto mais aprendemos a entender a psicologia num nível elevado, tanto mais veremos que eles se harmonizam num maravilhoso abraço, de uma forma tal que não são duas coisas abraçando uma à outra; é realmente uma coisa só olhada de dois pontos de vista (Churchland, 2006, p. 59).

O ego freudiano, a consciência e o inconsciente

Já temos elementos suficientes para mostrar como o conceito freudiano de ego se relaciona com esses fatos objetivos aparentemente tão distantes da psicanálise. Na verdade, uma visão ampla do eu freudiano me parece harmonizar-se com as verificações científicas modernas. Freud encontrou um lugar para ele já no Projeto de 1895, citando-o como uma organização, embora se limitasse a poucos detalhes. Durante muitos anos evitou descrevê-lo ou defini-lo, apenas sinalizando sua existência como instância consciente voltada para a realidade externa, em nome da qual reprime os impulsos sexuais. Aos poucos, a experiência clínica mostrava a impropriedade de igualá-lo ao consciente: (1) o fenômeno das resistências evidenciou que a instância repressora funciona de modo inconsciente, derrubando por terra a bipolaridade constituída pelo consciente repressor em oposição ao inconsciente reprimido; (2) a fantasia, tão inconsciente quanto o reprimido, é organizada pelos padrões do pré-consciente (Freud, 1915c), ou seja, é da alçada do ego; (3) crescia a evidência de aspectos inconscientes no ego: "É certo que muito do ego é em si mesmo inconsciente, e notavelmente o que podemos descrever como seu núcleo; somente uma pequena parte dele é coberta pelo termo 'pré-consciente'" (Freud, 1920, p. 19). Essas verificações levaram inedutavelmente ao estudo do ego, cuja publicação veio a lume em 1923, quando ficou definitivamente assumida a existência do eu inconsciente: "Uma parte do ego, também – e os céus sabem quão importante é essa parte – pode ser Ics., indubitavelmente é Ics. E este Ics. pertencente ao ego não é latente como o Pcs" (Freud, 1923a, p. 18).

Viu-se então que o ego diferia de tudo que dele tinha sido dito até então na psicanálise – e que fora dela continuou prevalecendo –, ou seja, que o eu é consciente por definição. Com efeito, a psicanálise inicialmente equacionava o ego com o consciente, como a psicologia e a filosofia sempre o fizeram, assim como os neurocientistas o fazem agora. Estes empregam os termos eu, ego, *self*, *me*, ou "espectador do teatro cartesiano" para designar a experiência da subjetividade consciente. Já no prefácio de *O ego e o id*, (1923) Freud advertia que seu conceito era diferente disto. A conceituação de um eu nuclearmente inconsciente era tão inesperada e desconcertante para a maioria dos psicanalistas quanto a hipótese de Crick (o eu, a consciência, o livre-arbítrio, são apenas um "pacote de neurônios") o foi para grande parcela da comunidade científica, mesmo aquela inequivocamente materialista. Apesar de ser a parte organizada da mente, produtora do processo secundário, o ego é em sua maior parte tão inconsciente quanto o id, a instância desorganizada indutora do processo primário.

A rigor, Freud vislumbrara desde cedo a característica inconsciente do ego, sem, no entanto, poder explicitá-la, até mesmo porque ainda não a conceituara como instância psíquica. É assim que podemos entender observações de Freud (1900) como estas:

> Estamos provavelmente muito inclinados a superestimar o caráter consciente da produção intelectual e artística. Relatos de alguns dos homens mais altamente produtivos, como Goethe e Helmholtz, mostram que o essencial e o novo em suas criações lhes vieram sem premeditação e como um todo já praticamente pronto (p. 613). [...] concluímos que [...] as mais complicadas realizações do pensamento são possíveis sem a assistência da consciência (p. 593).

O fato de o processo secundário poder ser inconsciente traz consequências importantes para a compreensão de diversos fenômenos, sobretudo por iluminar as obscuridades implicadas no processo secundário da fantasia inconsciente. Como esta é a porta de entrada dos sonhos e o elemento primordial surgido nos interstícios da associação livre para a compreensão profunda da mente, vê-se que a maior parte do trabalho analítico se centra no ego inconsciente.

Freud ampliou ainda mais a compreensão do ego ao conferir-lhe uma característica genética antes só atribuída ao id, ao mesmo tempo que esclarecia o que queria significar ao afirmar que o ego resultava da modificação da superfície do id pelo mundo externo. Na verdade, quando se referia ao id tinha em mente um todo indiferenciado ego-id, do qual o ego e o id emergiam como produtos de diferenciação. Disse Freud (1937a) nos seguintes termos:

> Quando falamos de uma "herança arcaica" pensamos geralmente só no id e parecemos presumir que no começo da vida do indivíduo o ego ainda não existe. Mas não desconheçamos que o id e o ego são originalmente uma única coisa; nem implica qualquer supervalorização mística da hereditariedade se acreditarmos que, mesmo antes de o ego existir, suas linhas de desenvolvimento, tendências e reações que exibirá mais tarde, já estão estabelecidas para ele (p. 240).

O exame do ego-id em uma perspectiva genética mostra que, durante a indiferenciação, os dois possuem diferentes potenciais de desenvolvimento: enquanto o id já está quase pronto no nascimento, o ego tem de desenvolver seus traços herdados mediante a interação com o ambiente; encontrando-se em estado potencial, a linha de desenvolvimento traçada geneticamente é modificada na relação com os objetos, que se incrustam na essência do ego, como uma forma do *imprinting* descrito pelos etólogos. Hartmann (1950) identificou no ego-id a matriz comum do instinto dos animais não humanos, ou seja, o que no animal humano é ego-id, nos outros animais é instinto. Freud parecia acreditar com firmeza nessa ideia, tanto que falava de um psiquismo herdado geneticamente, além de atribuir às crianças uma espécie de "conhecimento instintivo" igual ao dos animais, mediante o qual não precisava experimentar determinadas coisas para conhecê-las (1918 [1914], p. 119). Dir-se-ia que o animal humano nasce com um instinto (ego-id) que se desdobra em uma parte id e outra parte ego. Os não humanos mantêm o conjunto ego-id (instinto) por toda a vida, com pequena capacidade de diferenciação. No entanto, por menor que seja a diferenciação nos animais não humanos, esta deve ocorrer em um grau suficiente para caracterizar um ego incipiente capaz de ter experiências percebidas como consciência, não só primária, mas também secundária. Freud admitia a diferenciação incipiente ao atribuir um ego a alguns animais não humanos, que costumam ser vistos equivo-cadamente como possuidores apenas de instinto (ego-id).

O ego e a consciência dos animais não humanos

Pelo que se sabe hoje da evolução, é provável que animais não humanos sejam dotados de consciência, não só primária, mas até mesmo secundária, sendo que cada um deve experimentá-la da maneira própria de sua espécie, inacessível às demais. Embora nos humanos a consciência secundária se dê com a partici-pação da linguagem verbal, em outras espécies isso deve acontecer por outros meios, como se depreende da concepção da linguagem como instinto sustentada pelo psicólogo evolucionário Pinker (1994). Vem a propósito a observação do filósofo Thomas Nagel de que não temos noção do que é ser um morcego, que se orienta no mundo exclusivamente pela audição: "Se posso imaginar [como é ser um morcego] isto me fala apenas do que seria, para *mim*, comportar-me como um morcego. Mas esta não é a questão. Quero saber o que é, para um *morcego*, ser um morcego" (2002 [1974], p. 220, grifos do autor). Similarmente, não podemos imaginar como as moscas percebem o mundo com a multiplicidade de lentes que compõem cada um de seus olhos, quando nos nossos existe uma única lente; do mesmo modo, é impensável conjecturar como é o mundo percebido pelos ofídios, que, além do olfato apuradíssimo, discriminam os raios infravermelhos. Que dizer então dos morcegos, para quem a realidade é formada por sons, já que não percebem os raios luminosos?

A este respeito, a neurocientista Petra Stoerig lembra que qualquer célula tem as funções biológicas dos corpos complexos, de modo que a organização multicelular "não fala nada a respeito de existirem funções como pensamento ou consciência em um organismo de uma única célula. Deve haver, só que não temos nenhum meio de descobrir" (2006, p. 220). Para a neurocientista Susan Greenfield, "qualquer coisa com um cérebro, não importa quão rudimentar, deve ter um grau de consciência proporcional a ele" (2006, p. 97). Ao falar da relatividade da consciência humana e admitir que mesmo um pinheiro possa ter algo parecido ao responder ao ambiente de determinada maneira, Dennett diz que "o hiato entre mim e um pinheiro, ou um mosquito, é grande, mas é transponível por uma série de passos" (2006, p. 80). Esses passos incluiriam radical mudança de paradigmas.

Ego corporal e consciência primária e secundária

A concepção freudiana de que o eu tem suas linhas gerais de desenvolvimento traçadas geneticamente possui a vantagem de reconduzir o ser humano à sua origem animal, ensejando levar o estudo da psicanálise para rumos científicos mais definidos. Nesse sentido, é essencial a observação de que o ego é antes e acima de tudo corporal, corolário natural das primeiras reflexões sobre a consciência primária ligada a sensações de prazer e desprazer que deixam traços mnêmicos. Como estados afetivos, prazer e desprazer são descargas corporais internas, como foi visto anteriormente. Portanto, o eu surge do registro de sensações corporais, cujas representações primordialmente afetivas são progressivamente ligadas a representações ideativas para formar o pensamento – este, como foi mencionado antes, não possui inicialmente qualidade psíquica, motivo por que é inconsciente. Para adquirir qualidade psíquica e tornar-se consciente tem de ligar-se a resíduos mnêmicos de fala.

Embora Freud não tenha esclarecido por que os registros verbais têm qualidade psíquica, limitando-se a pequenas alusões em *O ego e o id*, foi em seu trabalho neurológico sobre as afasias (1891) que forneceu as bases de sua convicção. O que expôs ali, articulado com o que esboçou no capítulo VII de *A interpretação dos sonhos*, permite depreender que a palavra ouvida do objeto deixa registro mnêmico, condição em que, apenas como representação, não possui qualidade psíquica. Entretanto, a repetição da palavra ouvida como fala do próprio sujeito implica o acionamento dos músculos responsáveis pela linguagem verbal, circunstância em que o pensamento se expressa por via corporal (aparelho fonador). Antes inconsciente por constituir-se de representações verbais apenas ouvidas, – portanto, passivas – o pensamento torna-se consciente depois que essas representações se tornam ação corporal sob a forma de fala. Além da ação muscular, o som emitido é também captado pelo aparelho auditivo, de modo a configurar uma série de sensações simultâneas de natureza ativa (muscular) e passiva (sensorial). Acresce que o componente passivo tem duplo registro: primeiro, quando é ouvido como fala do objeto e, depois, pela audição da fala do próprio sujeito – em outras palavras, há uma superposição de representações: a da fala do objeto e a da fala do sujeito.

Em resumo, Freud associa a consciência a algo que se passa no corpo: na primária, as experiências sensoriais de prazer e desprazer; na secundária, o pensamento se torna consciente ao expressar-se como fala. Pode-se extrair daí a explicação para a afirmação feita um tanto obscuramente em diversos contextos, segundo a qual a consciência resulta de processo de hipercatexização, explicando um tanto ambiguamente a forma como se dá esse fenômeno. De um modo geral, dava a entender de forma sempre imprecisa que se referia a sensores (catexias) de atenção emitidos em direção a ideias pré-conscientes, sem definir a natureza dessas catexias, cuja fonte presumível seria o ego inconsciente (Freud, 1925a [1924]; 1925b). A qualidade duplamente sensorial da fala, com seus aspectos simultaneamente ativo e passivo, poderia bem expressar o processo de reforço de energia produtor da hipercatexização. Por outro lado, as sensações de prazer e desprazer inerentes à consciência primária também exprimem essa duplicidade, uma vez que, como os afetos em geral, são descargas motoras da musculatura lisa de vasos e glândulas que são percebidas sensorialmente, ou seja, são episódios sensório-motores, como o são todas as ações e descargas musculares. Portanto, as consciências secundária e primária resultam de processo de hipercatexização.

Evidencia-se que as duas formas de consciência se identificam no corpo, sede de ambas, tornando-se relevante encontrar o ponto de ligação e transição entre as duas. Há de se considerar o fato de que esses eventos simultaneamente ativos e passivos originam-se no corpo do sujeito; nesta perspectiva, são equivalentes narcísicos – algo se projeta do corpo e retorna simultaneamente, assemelhando-

-se à visão do corpo refletida em espelho. Quando a criança começa a falar, repete o que ouve do objeto, confundindo-se (identificando-se) com este pela fala. Isso faz supor que a consciência seja inicialmente a percepção do objeto fazendo parte do sujeito, uma contrapartida da ilusão da própria imagem refletida no espelho como sendo outra pessoa.

Uma vez que isso se refere à aquisição da consciência secundária, isto é, a apreensão do pensamento por meio da fala como expressão da subjetividade, somos levados a refletir sobre os passos precursores, ou seja, as experiências de consciência primária não verbal que abriram caminho para a secundária. É possível que o passo inicial prototípico seja a relação mãe-bebê, quando a musculatura da boca do bebê tem que se mover ativamente para sugar o seio e engolir o leite, ao mesmo tempo que a mucosa bucal experimenta a sensação passiva do contato com o seio. Além disso, os dois corpos se tocam e se confundem, com sensações ativas e passivas, o cheiro do objeto produzindo sensações olfativas confundidas com o odor do corpo do bebê, o leite produzindo sensações gustativas, os olhos vendo um ambiente cambiante a cada movimento da mãe ou da cabeça do bebê, ou do simples piscar de olhos, e os ouvidos atentos a cada som. Permeando tudo isso, intensas sensações de prazer indicam descargas somáticas internas, secretoras e vasomotoras, sem perder de vista a produção de endorfina, substância endógena favorecedora da experiência de estados delusórios.

A conjugação desses estados de intensa sensorialidade configuraria o que Freud chamou de "hipercatexia", produtor da ilusão de consciência aqui discutida. Este pareceria o modelo por excelência das inumeráveis sensações simultaneamente ativas e passivas em que o bebê não se percebe diferenciado do corpo materno. Daí em diante, as miríades de situações semelhantes que ocorrem a todo o momento vão construindo a mente e fortalecendo a ilusão de uma consciência derivada das sensações ativas e passivas do contato com o corpo do objeto confundido com o do sujeito. Mais tarde, depois de desfeita a ilusão da indiferenciação, instalar-se-ia a ilusão de um eu (ego) consciente diferenciado, que não é senão um vestígio da hipercatexia da fase indiferenciada, pois o ego (eu) real é inconsciente.

Em suma, o que na consciência primária é sensação corporal se torna linguagem na consciência secundária, quando a fala do objeto é que se confunde com a do sujeito. Nesse caso, a ilusão de haver algo experimentado por um eu, como sustentam neurocientistas e filósofos, poderia advir do duplo contato sensorial com o objeto, ao mesmo tempo ativo e passivo, circunstância em que um objeto observado como segunda pessoa aparece ilusoriamente como primeira pessoa.

Nunca é demasiado repetir que a linguagem verbal, apesar de característica do ser humano, é uma atividade corporal, fato suficiente para não fazer dela diferença substancial das demais espécies. Edelman, por exemplo, sustenta que as demais espécies têm apenas consciência primária em virtude de serem destituídas de linguagem verbal, a única ligada à consciência secundária, responsável pela capacidade de ter consciência da consciência (2006). Tendo em vista a impossibilidade de conhecer a subjetividade de um cérebro anatomicamente diferente, esta parece ser mais uma manifestação da dificuldade de romper o paradigma da pretensa superioridade biológica do ser humano. Neste ponto, não parece ocioso trazer novamente o morcego de Nagel. Sabe-se que esse mamífero orienta-se no mundo pelo retorno do som por ele emitido, característica com que poderia ser incluído na hipótese de o pensamento tornar-se consciente pela dupla sensorialidade da fala, que configuraria um processo de hipercatexização.

O ego inconsciente e o cérebro

As observações de Freud são compatíveis com as dos neurocientistas para quem o processamento cerebral ocorre de forma inconsciente, só se tornando consciente quando grupamentos neuronais disparam sincronicamente em determinada frequência e quando ações musculares determinam modificações em *inputs* sensoriais, sendo a consciência expressão ilusória de processos de natureza sensório-motora. Vista assim, a mente é um fenômeno neurológico que só se torna propriamente psíquico em sua forma virtual, isto é, quando surge a ilusão subjetiva da consciência.

Diferentemente de Freud, para os neurocientistas a mente se restringe ao consciente, sendo o inconsciente investigado apenas como cérebro – ante a constatação de que a consciência é virtual, seu interesse só pode voltar-se para o que é real, isto é, os neurônios. Nesse sentido, alguns neurocientistas e filósofos demonstram certa perplexidade ao concluírem que o sentimento consciente de livre-arbítrio é uma ilusão, como se conclui de depoimentos de alguns dos mais qualificados estudiosos do assunto. Segundo Blackmore, dos 21 *scholars* por ela entrevistados, apenas Francis Crick foi inteiramente coerente na percepção da ilusão do livre-arbítrio (2006, pp. 8-9). Alguns pareceram reproduzir, *mutatis mutan-*

dis, o conflito existencial de Dostoiévski, refletido em personagens de *Os irmãos Karamázov*, diante da ideia de que tudo, inclusive o parricídio, seria permitido se Deus não existisse. No caso em questão, o temor desses estudiosos do cérebro--mente é que cesse a responsabilidade legal e moral pelos atos praticados, já que não existe o livre-arbítrio subjetivo, mas apenas mecanismos cerebrais.

Esse aturdimento indica ausência da genuína mudança de paradigma preconizada por Dennett, que requer a abolição da consciência como fenômeno e considerá-la ilusão resultante do trabalho do cérebro. Na verdade, o fato de não existir livre-arbítrio como fenômeno consciente real não significa inexistência de um livre-arbítrio cerebral, ou seja, uma coalizão de disparos neuronais sincrônicos – o que é percebido ilusoriamente como vontade consciente de realizar uma ação é na realidade um "pacote de neurônios" organizados. Nesse caso, o eu real é o corpo, no sentido amplo mostrado por Edelman (2006), que engloba o cérebro e as trocas com o ambiente em que está situado. Assim, um corpo cujo cérebro está configurado para produzir ilusões de consciência, eu, ou livre-arbítrio, ao realizar ações que interfiram nas configurações de outros corpos (pessoas), torna-se responsável por elas. Uma vez que o cérebro, como mostra Damásio (1999), tem a faculdade de representar não só o corpo, mas também as relações deste com o ambiente, deve estar comensurado para interagir com o ambiente, ao qual está sempre ajustado. Esse ajuste se reflete na moral, na ética e nas leis, que são, em última análise, produções determinadas pelo cérebro.

Pensar a mente como expressão virtual da atividade cerebral implica abandonar radicalmente a ideia de mente autônoma, isto é, de consciência, eu ou qualquer fenômeno psíquico como realidade em si mesma. Qualquer desses fenômenos, como qualquer ilusão, delírio ou alucinação, expressa atividade cerebral. A perplexidade dos neurocientistas se deve ao fato de que, uma vez observada a característica virtual da subjetividade, só lhes resta voltar à objetividade dos neurônios, sede de um inconsciente sem significado psicológico para eles. Do ponto de vista dos psicanalistas, ao contrário, o inconsciente é o psíquico por excelência, sendo por isso seu objeto de investigação, independentemente de sua realidade neuronal. Temos então que o mesmo fenômeno, o inconsciente, é visto pela neurociência como atividade cerebral e pela psicanálise como fenômeno metapsicológico. A psicanálise, embora a consciência não seja seu objeto específico de estudo, não se limita a constatar sua qualidade virtual e ficar nisso. Vai além: usa-a como modelo para projetar sua característica ilusória sobre o inconsciente neurológico, dotando-o do aspecto virtual que teria caso se tornasse consciente. A psicanálise procura traduzir em termos subjetivos (mentais) o que do ponto de vista neurocientífico é atividade cerebral (não mental), procurando iluminar processos neuronais que funcionam às escuras. Tendo em vista essa diferença essencial, terminam aí os pontos em comum entre a psicanálise e a neurociência. A melhor medida da diferença entre as duas é a concepção freudiana de que a maior parte do eu é inconsciente, notadamente seu núcleo.

A consciência e a mudança psíquica operada pela psicanálise

A contribuição mais notável da neurociência é evidenciar que a psicanálise, ao modificar a mente operando no plano virtual do inconsciente, altera o inconsciente neurológico, pois os dois são a mesma coisa. Não cabe à psicanálise provar a mudança objetiva, pois a transformação subjetiva notória é suficiente, tendo em vista que atividade cerebral e mente são o mesmo fenômeno examinado de ângulos diferentes. Aos psicanalistas cabe apenas continuar usando o método com o qual sempre obtiveram êxito em modificar processos inconscientes do id, do ego e do superego. O método psicanalítico pode ser empregado com mais segurança com o conhecimento de que efetua mudanças no cérebro, daí poder ser considerada uma "psicofarmacoterapia" natural. Não importa que tais transformações não sejam captadas pelos métodos atuais de investigação neurocientífica, já que se passam provavelmente na intimidade bioquímica da neurotransmissão ou no interior celular. Não é lícito tampouco supor que os psicanalistas pretendam com seu método modificar lesões cerebrais grosseiras do nível anatômico ou histológico. Seu método restringe-se aos casos de transtornos causados por relações objetais deficientes, principalmente quando sabemos a extensão dos distúrbios no ego corporal causados por maternagem inadequada.

Quando Freud se deu conta de que o ego funciona de modo inconsciente, admitiu que a tendência de dividir a mente segundo critérios de acesso ou não à consciência perdera a razão de ser, já que toda a mente funciona de maneira inconsciente (1923a). A rigor, apenas explicitou o que já deixara implícito muito antes, ao dizer que importantes decisões, descobertas científicas e criações artísticas prescindem da consciência, fazendo parte de determinismo inconsciente, quando ainda não podia atribuir essa elaboração inconsciente ao ego.

Se tudo é inconsciente – a ligação de energia, os mecanismos de defesa, a organização da mente, o raciocínio, a criatividade, o livre-arbítrio, enfim, a essência do eu – qual é o verdadeiro papel da consciência, que Freud (1923a) disse constituir o único sinalizador luminoso em meio à escuridão do inconsciente? Sua função parece ser possibilitar que fenômenos inconscientes sejam percebidos numa forma psíquica. Em outras palavras, é por meio dela que podemos detectar o que na realidade são "pacotes de neurônios", assim como um televisor não sintonizado é um feixe de ondas coletadas por uma antena. Por meio da difusão da consciência, como ocorre durante a regra fundamental da associação livre, pode-se perceber o que se passa de forma inconsciente, mediante a análise de sonhos, atos falhos, atos sintomáticos e as repetições transferenciais, elementos fundamentais propiciadores das mudanças. O inconsciente só adquire qualidade psíquica quando interpretado segundo os padrões virtuais da consciência; fora desse modelo, parece só haver a realidade neuronal, que só é captada ao manifestar-se em eventos corporais.

À vista disto, cabe retificar a suposição de Freud de que a consciência constitui uma agência psíquica com atividade específica, como emitir catexias, impressão equivocada se for verdade que ela é simples expressão virtual da atividade neuronal. Desse modo, o papel que lhe atribuiu de regulador do psiquismo parece aplicar-se à atividade neuronal, que transcorre segundo o determinismo inerente à programação traçada por circuitos inatos modificados continuamente pelo ambiente. Traduzindo isso em termos metapsicológicos, o que foi apontado por Freud como papel da consciência é na verdade protagonizado pelo ego inconsciente. De certa forma, foi aberta uma janela para essa correção quando Freud assemelhou a percepção a uma tela transparente pela qual passa todo estímulo vindo do exterior, depois de filtrado por um escudo protetor, tela esta que permite visualizar, sob a forma de consciência, o registro desse estímulo numa camada inferior; nela, em vez de memória, surgiria a consciência (1925a [1924]); essa mesma conjectura fora antecipada no "Projeto" mediante a conceituação de um neurônio absolutamente permeável à excitação. No entanto, Freud não abriu mão de ver na consciência algo distinto da percepção, conferindo-lhe características de instância psíquica, apesar de referir-se ao sistema a ela correspondente como perceptivo-consciente (Pcpt-Cs.).

Da mesma forma, cumpre modificar a metáfora pela qual descreveu o aparelho psíquico como um aparelho óptico composto, onde as imagens não se encontram em nenhum lugar material do instrumento, mas em algum ponto não concreto em seu interior, sob forma virtual (Freud, 1900, p. 536). Essa analogia agora é mais apropriadamente aplicável à consciência, o verdadeiro fator virtual que serve de modelo para chegar-se ao inconsciente, em si material.

Considerando a característica virtual da consciência, não parece descabido supor que ela revela o processo pelo qual o cérebro cria representações de sua própria atividade, da mesma forma que podemos ouvir nossa voz ou ver a imagem de nosso corpo. Como mostrou Damásio (2002 [1999]), o que particulariza o neurônio em meio às demais células corporais é sua capacidade de representar o corpo e suas partes, bem como a interação deste com o ambiente. Nesse caso, a consciência primária expressaria o cérebro representando a atividade das outras partes do corpo; a secundária refletiria a representação da própria atividade cerebral. O processamento dessas representações modificaria *ipso facto* a atividade cerebral inconsciente, da mesma forma que o *insight* obtido no processo analítico modifica a mente. Assim, apesar de ser uma ilusão, a realidade virtual da consciência, ainda que fugaz como toda manifestação virtual, é percebida pelo cérebro, onde deixa representação real, da mesma forma que uma imagem em uma tela de cinema pode ser filmada por uma câmera, circunstância em que o filme pode ser editado e modificado. As representações das imagens virtuais da consciência modificam o cérebro permanentemente, sendo este o modo pelo qual a psicanálise, embora lidando com fenômenos virtuais, modifica o cérebro.

A compreensão da consciência como ponte para uma psicanálise científica

Chegamos assim ao objetivo final deste livro, que é situar a ação terapêutica em um contexto em que a psicanálise está plenamente sintonizada com o conhecimento científico moderno, como uma metapsicologia científica. Assim, à guisa de resumo do que foi exposto ao longo destas páginas, podemos concluir que a compreensão da consciência nos termos aqui expostos permite lançar luz sobre como se dá a genuína mudança psíquica operada pela psicanálise. Trazemos à lembrança a observação de Freud de que o material inconsciente é uma representação-coisa, e só se torna consciente se lhe for aposta a palavra a ela correspondente: "Uma representação que não é posta em palavras, ou um ato psíquico que não é hipercatexizado, permanece no Ics. em estado de repressão" (1915c, p. 202). A interpretação teria, pois, um papel de hipercatexização. Sabe-se, todavia, que a simples colocação em palavras não é suficiente para desfazer a repressão, não consistindo a palavra em si mesma uma hipercatexia; na verdade, um genuíno *insight* deve agregar uma quota de afeto à representação-palavra, sendo esta a verdadeira hipercatexização.

Um século de prática clínica levou à evidência de que a mudança psíquica inclui uma multiplicidade de fatores ideativos e afetivos, em que se conjugam interpretação e revivência transferencial das relações afetivas significativas, sendo esta última o fator decisivo para dotar a representação-palavra da quota de afeto indispensável à produção do que André Green (1973) chamou de "discurso vivo". Nesse caso, o *enactment* transferencial proveria o elemento afetivo inerente à regulação psíquica pelo prazer-desprazer, com suas múltiplas situações emocionais conducentes a processos de dupla identificação (empática do analista e introjetiva do analisando) – esta seria uma forma de produção de consciência primária, reconstrutora de falhas nos períodos mais primitivos da mente. A interpretação, entendida na forma ampliada exposta por Freud, ou seja, como construção da história não lembrada (1937b, p. 261), forneceria o elemento cognitivo indispensável à consolidação e fixação das modificações conquistadas pela via afetiva, estruturando a mente de modo consistente e duradouro – esta seria a maneira de obtenção da consciência secundária, característica da mente desenvolvida. Processos de hipercatexização são necessários para obtenção tanto da consciência primária, quanto da secundária, e cada uma é capaz de promover mudança psíquica por si própria. No entanto, a coalizão das duas parece ser o fator por excelência de obtenção da ação terapêutica desejável. Vê-se aqui como o processo de hipercatexização postulado por Freud coincide com a visão neurocientífica da conjunção de múltiplos disparos neuronais para a produção da consciência.

Enfim, uma metapsicologia científica adequada aos conhecimentos atuais deveria levar em conta os seguintes fatos: (1) a característica virtual e ilusória da consciência é o fenômeno psíquico em si; (2) o inconsciente, para ter qualidade psíquica, tem de ser levado para esse modelo virtual mediante expressão no *setting* analítico, em que um método especial é capaz de retirá-lo de sua matéria prima cerebral. A expressão virtual do inconsciente cerebral na análise, mediante a transferência, a identificação, a interpretação e a construção, cria as condições

196 A ação terapêutica da psicanálise e a neurociência

para que o virtual seja representado de modo a produzir modificações cerebrais. Se esse raciocínio estiver correto, o trabalho analítico consiste em projetar a ilusão da consciência sobre a atividade cerebral, papel similar, *mutatis mutandis*, ao do cirurgião que usa método videolaparoscópico para intervir cirurgicamente em órgãos internos, sendo guiado por monitor virtual. Nesse sentido, é pertinente trazer o pensamento de Wegner (2002, pp. 341-342) sobre o papel da ilusão:

> Algumas vezes, a aparência das coisas soa mais importante do que o que elas são. Isto é verdade no teatro, na arte [...] e – agora também – na análise científica da vontade consciente. O fato é que parece a cada um de nós que temos vontade consciente. Parece que possuímos um eu. Parece que temos mente. Parece que somos agentes. Parece que causamos o que fazemos. Embora seja razoável e afinal apropriado chamar tudo isso de ilusão, é um engano concluir que ilusório é desprovido de valor. Ao contrário, as ilusões [...] são os blocos que edificam a psicologia humana e a vida social. É somente com o sentimento de vontade consciente que podemos começar a resolver os problemas de saber quem somos como indivíduos, ou discernir sobre o que podemos ou não podemos fazer, e de julgar a nós mesmos moralmente certos ou errados pelo que fazemos. [...] Mas costumamos presumir que as coisas são como aparentam ser. [...] Nosso sentimento de sermos agente consciente que faz coisas vem ao custo de estarmos errados todo o tempo. [...] Tudo está bem porque a ilusão nos torna humanos.

Chegamos então à essencialidade da ilusão como característica do ser humano, sobretudo do homem civilizado. Não a ilusão confundida com a realidade, própria do pensamento mágico, da superstição, do sonho, do delírio e da alucinação, mas a que pode ser investigada pela ciência como realidade virtual passível de ser compreendida como ilusão, como a que se manifesta na fantasia e na produção artística. Ao fantasiar, o ser humano sabe da irrealidade da fantasia, originária de sua realidade interna, sem confundi-la com a externa. Assim como a visão de uma realidade virtual em uma tela de cinema deixa representações no cérebro de quem a vê, a realidade virtual da consciência, mesmo sendo produto de uma coalizão de disparos sincrônicos de neurônios, deve deixar representações que modificam o cérebro como se resultassem de percepção da realidade concreta propriamente dita – para o cérebro, deve ser uma realidade representável. Esse aparente paradoxo pode ser entendido se considerarmos a capacidade dos neurônios de representar outras células, inclusive outros neurônios. Assim, os disparos sincrônicos seriam passíveis de representação, embora não se saiba onde se dá a representação, que poderia ser na junção dos lobos occipital-temporal-parietal, que, segundo Solms (2003, p. 178), é o lugar em que se dá a transformação do concreto em abstrato. Isso é apenas uma conjectura, pois não cabe à psicanálise entrar na seara da neurociência, já que só esta pode dar resposta a questões dessa natureza. Só resta à psicanálise constatar que o conhecimento, ou seja, a tomada de consciência de qualquer coisa, modifica a mente de forma definitiva. Desse modo, se a consciência é realmente virtual, e tudo indica que o seja, sua capacidade de gerar consequências sobre o cérebro-mente deve corresponder a um tipo de representação. Pode-se ainda tomar outra linha de raciocínio, que leva em conta a consciência onírica. Segundo a maioria dos neurocientistas, o sonho é um disparo maciço de neurônios da *ponte*, localizada no tronco cerebral, proporcionando a consciência onírica, que se passa sem a participação da consciência de vigília. Apesar disso, durante a vigília, o sonho pode ser resgatado e tornar-se consciente, permitindo concluir que a consciência onírica deixa traços mnêmicos, isto é, representações. Essa tese não invalida o que foi mostrado até aqui, ou seja, que a consciência de um fato não altera uma decisão determinada no cérebro, pois a decisão é anterior à consciência. Contudo, isso não impede que a consciência, tanto da decisão quanto da ação subsequente, gere uma representação que influirá nas decisões posteriores.

Pode ser que os fatos não se passem dessa maneira e que a neurociência venha a apontar outros caminhos, mas a ideia de que a consciência é um fenômeno ilusório tem forte sustentação científica, sendo provável sua confirmação cabal em futuro próximo, assim como é inquestionável que a consciência onírica deixa rastros que chegam à consciência de vigília. A consideração da representabilidade de fenômenos ilusórios desvendaria o mistério de alguém ser capaz de pensar os próprios pensamentos, ou do "eu" assistir-se a si mesmo no "teatro cartesiano" de Dennett. Desse modo, a mente é modificada permanentemente, a cada percepção consciente, seja como consciência primária (corporal), seja como consciência secundária (psíquica).

capítulo 11

Esclarecimentos finais

O sentido da ação terapêutica psicanalítica

Depois de tanta referência à ação terapêutica, cabe indagar se a psicanálise tem efetivamente um papel terapêutico. Na verdade ela perdeu, há muito, a finalidade de seus primeiros tempos, quando estava interessada na remoção de sintomas, seguindo o espírito dos dois médicos que a criaram (Breuer e Freud). Voltou-se mais tarde para o desenvolvimento psíquico, formulando um esquema do aparelho mental. Depois de conceber sua metapsicologia, Freud, como foi citado várias vezes, disse que a finalidade da psicanálise é desenvolver o ego. Sabendo-se das bases corporais do ego, se levarmos em conta o que nos traz a neurociência, podemos supor que recuperações de falhas básicas do ego devem corresponder a modificações do tecido cerebral, ainda que imperceptíveis. Dessa forma, ao desenvolvermos o ego, só conseguimos restaurar em parte falhas decorrentes de erros muito graves de conduta dos primeiros objetos, ocorridos em um período de maturação e formação de estrutura, da mesma forma como são parciais recomposições do tecido cerebral descritas por neurocientistas. Vale enfatizar a relatividade da neuroplasticidade demonstrada recentemente, uma vez que

200 A ação terapêutica da psicanálise e a neurociência

ela costuma ser tomada como possibilidade de restauração completa do tecido nervoso. Na verdade, a verificação de que a célula nervosa é passível de replicação foi uma importante descoberta, sobretudo porque, até recentemente, se supunha que o neurônio não possuía essa faculdade. Uma vez constatada a neuroplasticidade, é preciso atentar para suas limitações. Ademais, todas as células corporais com o decorrer do tempo perdem parte de sua capacidade de recomposição, daí surgirem rugas na pele, cabelos brancos, desidratação óssea, enfim, os múltiplos e bem conhecidos sinais fisiológicos de involução celular.

Não podemos ter grandes ambições terapêuticas: nosso método regressivo virtual não revive as relações antigas de modo pleno, eis que a reconstituição da atmosfera primitiva se encontra no contexto de psiquismo e cérebro adultos. Nesse caso, quando os distúrbios são graves, nosso método assemelha-se à fisioterapia empregada na recuperação de músculos afetados por acidentes vasculares, ou à circulação colateral estimulada em casos de cardiopatia isquêmica por aterosclerose das coronárias. Um símile que talvez se aproxime mais da realidade psicanalítica é o da aquisição da linguagem verbal. Um bebê tem o cérebro configurado para repetir qualquer fonema humano. Uma vez exposto a determinada língua no início da vida, adota-a definitivamente como nativa, ao mesmo tempo que diminui aos poucos a capacidade de reproduzir fonemas de outras línguas. Depois de certo tempo, a dificuldade de aprendizagem de outra língua faz com que os fonemas desta sejam repetidos imperfeitamente, com sotaque. A emulação da função materna proporcionada pela psicanálise tem limitações ainda maiores – dir-se-ia que a mente restaurada apresenta-se com "sotaque carregado".

À vista disso, o processo psicanalítico é naturalmente lento e tortuoso, uma vez que seu pilar básico é a reprodução da história afetiva do paciente, que deve ser percorrida, esquadrinhada e "editada". Já que a reconstrução da mente demanda longo tempo e maior número possível de encontros entre analista e analisando, tem havido ao longo dos anos críticas à demora do processo. Há uma ilusão de que ela se assemelhe a uma especialidade médica, que possa curar sintomas de forma rápida. Na verdade, a eliminação de sintomas deixou de ser o objetivo maior, sendo (quando houver) subproduto da recuperação do desenvolvimento do ego, este sim o objetivo primordial. O advento da chamada pós-modernidade, que apresenta como uma de suas características a impaciência com processos prolongados, agudizou as críticas. Contudo, o método psicanalítico é o que é: sua finalidade é a retomada do desenvolvimento mediante a reversão de falhas estruturais, processo que engloba a história de vida do analisando, motivo por que é teoricamente interminável – o encerramento se dá, para efeitos práticos, em face de conquistas que levam à melhor forma possível de viver.

Vem a propósito lembrar o que Freud disse a respeito das tentativas de redução do tempo de análise: "Se quisermos atender as demandas mais exigentes à terapia analítica, nossa estrada não conduzirá a um encurtamento de sua duração, nem passará por ele" (1937a, p. 224). É lícito acrescentar que um aperfeiçoamento do processo analítico não passa pela diminuição do número de sessões, uma vez que a reestruturação do ego requer o maior número possível de encontros entre analista e analisando. Voltando ao símile da aquisição de uma segunda língua, a frequência do número de sessões é importante, assim como a exposição à outra língua para assimilá-la mais perfeitamente. Nesse ponto, vale a pena citar novamente a advertência feita por Freud, ao reconhecer as limitações da psicanálise e admitir a possibilidade de, no futuro, poder-se influir diretamente sobre a mente com substâncias químicas: "Mas no momento não temos à nossa disposição nada melhor que a técnica da psicanálise, e, por esta razão, ela não deveria ser desprezada, a despeito de suas limitações" (1940a [1938], p. 182).

Ainda hoje, não surgiu no horizonte da ciência, nem fora dela, um método que possa ser aplicado sistematicamente para modificar e reestruturar a mente de forma mais consistente que a psicanálise, de modo que permanece atual a advertência de que ela não deve ser desdenhada. A reconstituição virtual do ambiente afetivo primitivo pode levar o método psicanalítico à obtenção de resultados mais profundos que qualquer outro conhecido.

A metapsicologia e a clínica

O que foi exposto neste livro tem pontos em comum com o trabalho de eminentes psicanalistas. Alguns leitores poderão sentir falta de um relato detalhado do trabalho desses autores, apesar de ter feito referências a muitos deles. Deixei de entrar nas minúcias dessas contribuições por priorizar a metapsicologia freudiana, possuidora de abrangência e profundidade suficientes para abrigar as mais variadas experiências clínicas, uma vez que sua amplitude vai do corpo à consciência, de onde se espraia na direção do objeto. Na verdade, a metapsicologia é a única teoria realmente geral da psicanálise. Segundo ela, a mente surge quando a seiva bruta extraída por raízes somáticas, ao entrar em contato com o

202 A ação terapêutica da psicanálise e a neurociência

objeto, é elaborada como quota de afeto e representação, componentes essenciais da árvore psíquica que florescem como sentimento, pensamento e consciência. Estes, polinizados adequadamente pelo objeto, geram o fruto social e a criatividade que alimenta culturalmente sucessivas gerações.

Portanto, na concepção metapsicológica, o objeto é o instrumento que retira o impulso instintual de sua condição endossomática e lhe confere característica psíquica. Foi em consequência da observação prática dessa realidade que a psicanálise moderna evoluiu para privilegiar a relação objetal e a intersubjetividade, destacando o papel da transferência na repetição das primeiras relações afetivas estruturantes. Esse avanço, apesar de poder ser abrangido e explicado pela metapsicologia, foi conquistado em termos práticos por pós-freudianos, em especial a partir da segunda metade do século passado. No tempo de Freud, o costume de privilegiar a liberação do impulso instintual reprimido limitava tanto o alcance clínico do desenvolvimento do ego, que, se essa tendência fosse mantida, a psicanálise continuaria deixando de fora a patologia narcísica predominante nos tempos pós-modernos, circunstância em que talvez se tornasse apenas uma referência na história da psicologia. Por isso, apesar de mantida a espinha dorsal técnica (*setting*, regra fundamental, neutralidade), a clínica atual é diferente da praticada por Freud.

No entanto, sua metapsicologia permanece sendo a única teoria da mente com abrangência para conter e explicar todos os avanços da clínica atual. Como a finalidade era mostrar os aspectos metapsicológicos da ação terapêutica, deixei de focalizar o dia a dia da clínica, razão por que não entrei em detalhes sobre outros autores, já que nenhum elaborou teoria ampla da mente, que abrangesse o extenso arco em que o biológico, em uma extremidade, e o social, na outra, formam um *continuum*.

Concebida como ciência natural, a metapsicologia freudiana tem a vantagem de ser cotejável com a neurociência, cujas descobertas podem beneficiá-la, confirmando ou refutando seus conceitos fundamentais, preenchendo expectativa sempre reiterada por Freud, que disse, por exemplo, que: "Devemos recordar que todas as nossas ideias provisórias em psicologia um dia serão baseadas presumivelmente em subestrutura orgânica" (1914c, p. 78).

Tendo em vista a má vontade da maioria dos psicanalistas em relação ao diálogo com a neurociência, deve ser reiterado, de acordo com tudo que foi dito ao longo do livro, que a aproximação com a biologia não significa desvirtuar a natureza da psicanálise; ao contrário, implica confirmar sua condição de ciência psicológica. Freud (1913a) iluminou essa compreensão nos seguintes termos:

> Temos achado necessário nos mantermos distantes de considerações biológicas durante nosso trabalho psicanalítico e nos abstermos de usá-las para finalidades heurísticas, a fim de não nos desviarmos de nosso julgamento imparcial dos fatos psicanalíticos diante de nós. Mas, depois que completarmos nosso trabalho psicanalítico, teremos de encontrar um ponto de contato com a biologia; e podemos certamente nos sentir contentes se esse contato já estiver assegurado em um ou outro ponto importante (pp. 181-182).

Referências

Andrade, V. (1978). Identificação projetiva e instinto de morte – Segunda Parte: Aspectos clínicos. *Rev. Bras. Psicanál.*, 12, 347-371.

Andrade, V. (1988a). O universo sem palavras. *Rev. Bras Psicanál.*, 22, 251-273.

Andrade, V. (1988b). Novas reflexões sobre "Análise terminável e interminável". *Rev. Bras. Psicanál.*, 22, 397-424.

Andrade, V. (1992). A prática da psicanálise em instituições. *Rev. Bras. Psicanál.*, 26, 61-92.

Andrade, V. (1993). *Psicanálise de amplo espectro*. Rio de Janeiro: Imago Editora. 163 p.

Andrade, V. (2003). *Um diálogo entre a psicanálise e a neurociência*. São Paulo: Casa do Psicólogo. 207 p.

Andrade, V. (2005). Affect and the therapeutic action of psychoanalysis. *Int. J. Psychoanal.*, 86, 677-97.

Andrade, V. (2007). Dreaming as a primordial state of the mind: The clinical relevance of structural faults in the body ego as revealed in dreaming. *Int. J. Psychoanal.*, 88, 55-74.

206 A ação terapêutica da psicanálise e a neurociência

Balint, M. (1968). *The Basic Fault.* New York: Brunner/Mazel, Publishers.

Blackmore, S. (2005). *Consciousness: A very short introduction.* Oxford: The Oxford University Press. 146 p.

Blackmore, S. (Ed.). (2006). *Conversations on consciousness.* Oxford: Oxford University Press. 274 p.

Benedek, T. (1938). Adaptation to reality in early infancy. *Psychoanal Q.,* **7**, 200-215.

Bion, W. R. (1957). Differentiation of the psychotic from the non-psychotic personalities. *International Journal of Psychoanalysis, 38,* 266-275.

Bion, W. R. (1974). *Bion's Brazilian lectures* – 1. São Paulo [1973]. Rio de Janeiro: Imago Editora. 108 p.

Bion, W. R. (1975). *Bion's Brazilian lectures* – 2. Rio de Janeiro [1974]. Rio de Janeiro: Imago Editora. 220 p.

Blum, H. P. (2003). Repression, transference and reconstruction. *Int. J. Psychoanal., 84,* 497-513.

Bowlby, J. (1969). *Attachment and Loss.* (Vol. 1: Attachment. The International Psychoanalytical Library. Vol. 79. 401 p.). London: The Hogarth Press and the Institute of Psycho-Analysis.

Brende, J. O., & Rinsley, D. B. (1979). Borderline Disorder, Altered States of Consciousness, and Glossolalia. *Journal of the American Academy of Psychoanalysis, 7,* 165-188.

Brierley, M. (1937). Affects in theory and practice. *Int. J. Psychoanal., 17,* 256-268.

Brunswick, R. M. (1928). A Supplement to Freud's History of an Infantile Neurosis. *Int. J. Psychoanal., 9,* 439-476.

Churchland, P. S. (1986). *Neurophilosophy – Toward a unified science of the mind/brain.* Cambridge, MA: The MIT Press. 546 p.

Churchland, P. S. (1996). Toward a neurobiology of the mind. In Llinás, R., & Churchland, P. S. (Eds.). *Sensory processes: The mind/brain continuum.* Cambridge: MIT Press. pp. 281-303.

Churchland, P. S. (2006). The brain is a causal machine: The visual sensation of redness is a particular pattern of activations. In S. Blackmore (Ed.). *Conversations on consciousness.* Oxford: Oxford University Press. p. 50-67.

Crick, F. (1994). *The astonishing hypothesis – The scientific search for the soul.* London: Simon & Schuster. 317 p.

Crick, F. (2006). You're just a pack of neurons. In S. Blackmore (Ed.). *Conversations on consciousness*. Oxford: Oxford University Press. pp. 68-78.

Crick, F., & Mitchison, G. (1983, 14 July). The function of dream sleep. *Nature, 304*, 111-114.

Damásio, A. (1994). *Descartes' error – Emotion, reason and the human brain*. New York: G. P. Putnam's Sons. 312 p.

Damásio, A. (1999). *O mistério da consciência*. São Paulo: Cia. das Letras, 2000. 474 p.

Damásio, A. (2002 [1999]). How the brain creates the mind. In *The hidden mind* (pp. 4-9). New York: Scientific American Special Edition (Vol. 12, n. 1).

Dennett, D. (1991). *Consciousness explained*. New York: Little, Brown and Company. 511 p.

Dennett, D. (2006). You have to give up your intuitions about consciousness. In S. Blackmore (Ed.). *Conversations on consciousness*. Oxford: Oxford University Press. p. 79-91.

Deutsch, H. (1942). Some forms of emotional disturbance and their relationship to schizophrenia. *Psychoanalytic Quarterly, 11*, 301-321.

Edelman, G. (2004). *Wider than de sky*. New Haven: Yale University Press. 201 p.

Edelman, G. (2006). *Second nature: Brain, science and human knowledge*. New Haven: Yale University Press. 203 p.

Edelman, G., & Tononi, G. (2000). *A universe of consciousness: How matter becomes imagination*. New York: Basic Books. 274 p.

Ekstein, R., & Wallerstein, J. (1954). Observations on the psychology of border-line and psychotic children – Report from a current psychotherapy research project at Southard School. *Psychoanalytic Study of the Child, 9*, 344-369.

Engels, F. (1879 [1974]). *Dialéctica da natureza*. Lisboa: Editorial Presença.

Fairbairn, W. R. (1941). A revised psychopathology of the psychoses and psycho-neuroses. *International Journal of Psychoanalysis, 22*, 250-279.

Fenichel, O. (1934). Outline of clinical psychoanalysis – Concluded. *Psychoanalytic Quarterly, 3*, 223-302.

Fenichel, O. (1945). *The psychoanalytic theory of neurosis*. New York: W. W. Norton Co. Inc. 589 p.

Fonagy, P. (1999). Memory and therapeutic action. *Int. J. Psychoanal., 80*, 215-222.

Freud, S. (1891). *On aphasia: A critical study.* (E. Stengel, trad.). New York: International Universities Press, 105, p. 1953.

Freud, S. (1893 [1888]). Some points for a comparative study of organic and hysterical motor paralyses. In *The Standard Edition of the Complete Psychological Works of Sigmund Freud,* Volume I (1886-1899): Pre-Psycho-Analytic Publications and Unpublished Drafts, Standard Edition, 1: 159.

Freud, S. (1894). The Neuro-psychoses of defence. *S.E.* 3.

Freud, S. (1896). Heredity and the aetiology of the neuroses. *S.E.* (pp. 141-156).

Freud, S. (1899). Screen memories. In *The Standard Edition of the Complete Psychological Works of Sigmund Freud* (1893-1899): Early Psycho-Analytic Publications, Standard Edition, 3, 302, pp. 303-322.

Freud, S. (1900). The interpretation of dreams. *S. E.* 4-5.

Freud, S. (1908). Character and anal erotism. *S. E. 9,* pp. 167-176.

Freud, S. (1912). Recommendations to physicians practising psychoanalysis. *S. E. 12,* pp. 109-120.

Freud, S. (1913a). The claims of psycho-analysis to scientific interest. *S. E. 13,* pp. 165-90.

Freud, S. (1913b). The disposition to obsessional neurosis, a contribution to the problem of the choice of neurosis. *S. E. 12,* pp. 311-326.

Freud, S. (1914a). Remembering, repeating and working-through. *S. E. 12,* pp. 145-156.

Freud, S. (1914b). On the history of the psychoanalytic movement. *S. E. 14.*

Freud, S (1914c). On narcissism: an introduction. *S. E. 14,* pp. 73-102.

Freud, S. (1915a). Instincts and their vicissitudes. *S. E. 14,* pp. 117-140.

Freud, S. (1915b). Repression. *S. E. 14.*

Freud, S. (1915c). The unconscious. *S. E. 14,* pp. 166-204.

Freud, S. (1916). Some character-types met with in psycho-analytic work. *S. E. 14,* pp.311-333.

Freud, S. (1916/1917) Introductory lectures on psycho-analysis – part 3. *S. E. 15-16.*

Freud, S. (1917a [1915]). A metapsychological supplement to the theory of dreams. *S. E. 14,* pp. 222-235.

Freud, S. (1917b [1915]). Mourning and melancholia. *S. E. 14,* pp. 243-258.

Freud, S. (1917c). A difficulty in the path of psychoanalysis. *S. E. 17*, pp. 137-144.

Freud, S. (1917d). On transformations of instinct as exemplified in anal erotism. *S. E. 17*, pp.126-133.

Freud, S. (1918 [1914]). From the history of an infantile neurosis. *S. E. 17*, pp. 7-122.

Freud, S. (1919 [1918]). Lines of advance in psycho-analytic therapy. *S. E. 17*, pp. 158-168.

Freud, S. (1920). Beyond the pleasure principle. *S. E. 18*, pp. 7-64.

Freud, S. (1921). Group psychology and the analysis of the ego. *S. E.* 18, pp. 69-143.

Freud, S. (1923a). The ego and the id. *S. E. 19*, pp. 12-59.

Freud, S. (1923b [1922]). Two enciclopaedia articles. *S. E. 18*, pp. 235-259

Freud, S. (1924 [1923]). Neurosis and psychosis. *S. E. 19*, pp. 148-153.

Freud, S. (1925a [1924]). A note upon the "mystic writing-pad". *S. E. 19*, pp. 227-232.

Freud, S. (1925b). Negation. *S. E. 19*,: pp. 235-239.

Freud, S (1926 [1925]). Inhibitions, symptoms and anxiety. *S. E. 20*, pp. 87-172.

Freud, S. (1930 [1929]). Civilization and its discontents. *S. E. 21*, pp. 64-145.

Freud, S. (1933 [1932]). New introductory lectures on psycho-analysis. *S. E. 22*, pp. 7-182.

Freud, S. (1937a). Analysis terminable and interminable. *S. E. 23*, pp. 216-253.

Freud, S. (1937b). Constructions in analysis. *S. E. 23*, pp. 257-269.

Freud, S. (1940a [1938]). An outline of psycho-analysis. *S. E. 23*, pp. 144-207.

Freud, S. (1940b [1938]) Some elementary lessons in psychoanalysis. *S. E. 23*, pp. 279-286.

Freud, S. (1950 [1895]). Project for a scientific psychology. *S. E. 1*, pp. 295-387.

Freud (1950 [1892-1899]). Extracts from the Fliess papers. *S. E. 1*, pp. 177-280.

Freud, S. (1985 [1887-1904]). *The complete letters of Sigmund Freud to Wilhelm Fliess.* Translated and edited by Jeffrey Moussaieff Masson. Cambridge (MA): The Belknap Press of Harvard University Press, 1985. 482 p.

Gazzaniga, M. (2002 [1998]). The split brain revisited. In *Sci. Am.* Special Edition, pp. 27-31.

Gelstein, S. et al. (2011, 6 January). Human tears contain a chemosignal. *Science.* 1198331.

Goldstein, W. (1985). *An introduction to the borderline conditions.* Northvale, NJ: Jason Aronson, Inc. 217 p.

Gottesmann, C. (2003). Each distinct type of mental state is supported by specific brain functions. In E. Pace-Schott, M. Solms, M. Blagrove, & S. Harnad. (Eds.). *Sleep and dreaming – Scientific advances and reconsiderations.* Cambridge: Cambridge University Press, pp. 152-154.

Green, A. (1977). The borderline concept – A conceptual framework for the understanding of borderline patients: suggested hypotheses. In P. Hartocollis (Ed.). *Borderline personality disorders.* Madison CO: International Universities Press, Inc., pp. 15-44.

Green, A. (1973 [1982]). *O discurso vivo: Uma teoria psicanalítica do afeto.* Rio de Janeiro: Livraria Francisco Alves Editora, 320 p.

Greenacre, P. (1945). The biological economy of birth. *Psychoanalytic Study of the Child, 1,* 31-51.

Greenberg, R. (2003). Where is the forest? Where is the dream? In E. Pace-Schott, M. Solms, M. Blagrove, & S. Harnad (Eds.). *Sleep and dreaming – Scientific advances and reconsiderations.* Cambridge: Cambridge University Press, pp.154-156.

Greenfield, S. (2006). I get impatient when the really big questions are sliding past. In S. Blackmore (Ed.). *Conversations on consciousness.* Oxford: Oxford University Press, pp. 92-103.

Hartmann, E. (2003). The waking-to-dreaming continuum and the effects of emotion. In E. Pace-Schott, M. Solms, M. Blagrove, & S. Harnad (Eds.). *Sleep and dreaming – Scientific advances and reconsiderations.* Cambridge: Cambridge University Press, pp. 158-161.

Hartmann, H. (1958 [1939]). *Ego psychology and the problem of adaptation.* (D. Rapaport, trad.). New York: International UP. 121 p. (*JAPA Monograph Series,* n. 1).

Hartmann, H. (1950). Comments on the psychoanalytic theory of the ego. In *Essays on ego psychology.* New York: The International Universities Press, pp. 113-141.

Hartmann, H. (1953). Contribution to the metapsychology of schizophrenia. In *Essays on ego psychology,* 1964. New York: International Universities Press, pp. 182-206.

Hartocollis, P. (Ed.). (1977). *Borderline personality disorders*. Madison, CO: International Universities Press. pp. 87-121.

Heimann, P. (1950). On countertransference. *Int. J. Psychoanal., 31*, 81-84.

Hobson, J. A. (1994). *The chemistry of conscious states*. Boston: Little, Brown & Comp. 300 p.

Hobson, J. A. (2001). *The dream drugstore*. Cambridge (MA): The MIT Press. 333 p.

Hobson, J. A. (2003). The ghost of Sigmund Freud haunts Mark Solm's dream theory. In E. Pace-Schott, M. Solms, M. Blagrove, & S. Harnad (Eds.). *Sleep and dreaming – Scientific advances and reconsiderations*. Cambridge: Cambridge University Press, pp. 162-163.

Hobson, J. A. (2005) *13 dreams Freud never had*. New York: Pi Press. 204 p.

Hofer, M. (1995). Hidden regulators – Implications for a new understanding of Attachment, Separation and Loss. In S. Goldberg, R. Mur, & J. Kerr (Eds.). *Attachment theory*. Hillsdale: The Analytic Press, pp. 203-230.

Javitt, D. C., & Coyle, J. T. (2004). Decoding schizophrenia – A fuller understanding of signaling in the brain of people with this disorder offers new hope for improved therapy. *Sci Am. 290*, 48-55.

Kandel E. R., & Hawkins R. D. (1992, September). The biological basis of learning and individuality. *Sci Am. 267*, 78-86.

Kaptchuk T. J. et al. (2010). Placebos without deception: A randomized controlled trial in irritable bowel syndrome. *PLoS ONE. 5*(12), e15591. doi, 10.1371/journal.pone.0015591.

Kempermann G., & Gage F.H. (2002 [1999]). New nerve cells for the adult brain. In S. Guynup (Ed.). *The hidden mind* (pp. 38-44). New York: Scientific American Special Edition, vol. 12, n. 1.

Kernberg, O. (1967). Borderline personality organization. *Journal of the American Psychoanalytic Association, 15*, 641-685.

Kernberg, O. (1970). A psychoanalytic classification of character pathology. *Journal of the American Psychoana lytic Association, 18*, 800-822.

Kernberg, O. (1977) The structural diagnosis of borderline personality organization. In P. Hartocollis (Ed.). *Borderline personality disorders*. Madison CO: International Universities Press, Inc., p. 87-121.

Kernberg, O. (1984). *Severe personality disorders*. New Haven, CT: Yale University Press. 358 p.

Kernberg, O. (1985). In W. Goldstein. *An introduction to the borderline conditions.* Northvale, NJ: Jason Aronson, Inc. 217 p. Quarta Capa.

Klein, M. (1946). *Envy and Gratitude and Other Works* 1946-1963: Edited By: M. Masud R. Khan (1975). The International Psycho-Analytical Library Vol. 104, 346 pages, 1 – Some schizoid mechanisms.

Klein, M. (1955). *Envy and Gratitude and Other Works* 1946-1963: Edited By: M. Masud R. Khan (1975). The International Psycho-Analytical Library Vol. 104, 346 pages, 9 – On identification.

Klein, M. (1957). *Envy and Gratitude and Other Works* 1946-1963: Edited By: M. Masud R. Khan (1975). The International Psycho-Analytical Library Vol. 104, 346 pages, 10 – Envy and gratitude.

Knight, R. P. (1953). Borderline states. In R. P. Knight (Ed.). *Psychoanalytic psychiatry and psychology.* New York: International Universities Press, 1954, pp. 97-109.

Kohut, H. (1971). *The analysis of the self: A systematic approach to the psychoanalytic treatment of narcissistic personality disorders.* New York: Int. Univ. Press. 368 p.

Kohut, H. (1972). Thoughts on narcissism and narcissistic rage. *Psychoanalytic Study of the Child, 27,* 360-400.

Kohut, H. (1984). *How does analysis cure?* Chicago: The University of Chicago Press. 241 p.

Llinás, R., & Paré, D. (1996). The brain as a closed system modulated by the senses. In R. Llinás, & P. S. Churchland (Eds.). *The mind-brain continuum* (pp. 1-18). Cambridge, MA: M.I.T. Press.

Libet. B. (2004). *Mind time – The temporal factor in consciousness.* Cambridge, MA: Harvard University Press. 245 p.

Mahler, M. (1952). On child psychosis and schizophrenia: autistic symbiotic infantile psychosis. In *The Psychoanalytic Study of the Child, 7,* 286-305.

Mahler, M. S. (1971). A study of the separation-individuation process – And its possible application to borderline phenomena in the psychoanalytic situation. *Psychoanalytic Study of the Child, 26,* 403-424.

Mahler, M. S., & Kaplan, L. (1977) Developmental aspects in the assessment of narcissistic and so-called borderline personalities. In: Hartocollis, P. (1977) (Ed.) *Borderline personality disorders.* Madison CO: International Universities Press, Inc., p. 71-85.

Meltzer, D. (1967). *O processo psicanalítico*. Rio de Janeiro: Imago Editora. 153 p.

Nagel, T. (2002 [1974]). What is it to be a bat? In D. Chalmers. *Philosophy of mind – Classical and contemporary readings*. Oxford: Oxford University Press Inc., pp. 219-226.

Noë, A. (2002). Is the visual world a grand illusion? In A. Noë (Ed.). *Is the visual world a grand illusion?* Thorverton: Imprint Academic, pp. 1-12.

O'Regan, K. (2006). There's nothing there until you actually wonder what's there. In S. Blackmore (Ed.). *Conversations on consciousness*. Oxford: Oxford University Press, pp. 160-172.

Pally, R. (1997). Memory: brain systems that link past, present and future. *Int. J. Psycho-Anal.*, 78, 1223-1234.

Panksepp, J. (2003). "The dream of reason creates monsters" – especially when neglects the role of emotions in REM-states. In E. F. Pace-Schott, M. Solms, M. Blagrove, & S. Harnad (Eds.). *Sleep and dreaming – Scientific advances and reconsiderations*. Cambridge: Cambridge University Press, pp. 200-202.

Penrose, R. (1994). *Shadows of the mind: A search for the missing science of consciousness*. Oxford: Oxford University Press. 457 p.

Pinker S. (1994). *The language instinct*. London: Harper Collins Publishers. 526 p.

Pinker, S. (2002). *The blank slate: The modern denial of human nature*. New York: Viking Penguin. 509 p.

Ramachandran, V. (2004). *A brief tour of human consciousness*. New York: Pi Press. 192 p.

Ramachandran, V. (2006). You're part of Shiva's dance; not a little soul that's going to be extinguished. In S. Blackmore (Ed.). *Conversations on consciousness*. Oxford: Oxford University Press, pp. 186-197.

Ramachandran, V. et al. (1996). Illusions of body image: what they reveal about human nature. In R. Llinás, & P. S. Churchland (Eds.). *Sensory processes: The mind/brain continuum*. Cambridge: MIT Press, p. 29-60

Rapaport, D. (1960 [1972]). *A estrutura da teoria psicanalítica*. São Paulo: Editora Perspectiva, 146 p.

Reich, W. (1931). Character formation and the phobias of childhood. *International Journal of Psycho-Analysis*, 12, 219-230.

Rosenfeld, H. (1978). Notes on the psychopathology and psychoanalytic treatment of some borderline patients. *Int. J. Psychoanal.*, 59, 215-221.

214 A ação terapêutica da psicanálise e a neurociência

Ryle, A. (2003). Something more than the "Something more than interpretation" is needed. *Int. J. Psychoanal., 84*, 109-118.

Scarfone, D. (2007). The bat's point of view (so to speak). In A. Semi. *The conscious in psychoanalysis.* Londres: The International Psychoanalytical Association, pp. xiii-xviii.

Schafer, R. (1960). The loving and beloved superego in Freud's structural theory. *Psychoanalytic Study of the Child, 15*, 163-188

Schore, A. N. (1994). *Affect regulation and the origin of the self – The neurobiology of emotional development.* Hillsdale, NJ: Lawrence Erlbaum Associates. 728 p.

Schore, A. N. (1997). A century after Freud's Project: A rapprochment between psychoanalysis and neurobiology at hand? *J. Am. Psychoanal. Assoc., 45*, 807-840.

Semi, A. (2007). *The conscious in psychoanalysis.* London: The International Psychoanalytical Association. 124 p.

Segal, H (1957). Notes on symbol formation. *Int. J. Psychoanal., 38*, 391-397.

Small, L. (1980). *Neuropsychodiagnosis in Psychotherapy.* New York: Brunner/Mazel, Inc. 407 p.

Solms, M. (2003) Dreaming and REM sleep are controlled by different brain mechanisms. In E. Pace-Schott, M. Solms, M. Blagrove, & S. Harnad (Eds.). *Sleep and dreaming – Scientific advances and reconsiderations.* Cambridge (UK): Cambridge University Press, pp. 51-58.

Spitz, R. (1945). Hospitalism – An inquiry into the genesis of psychiatric conditions in early childhood. *Psychoanalytic Study of the Child, 1*, 53-74.

Stengel, E. (1954). A re-evaluation of Freud's book *On aphasia.* Its significance for psychoanalysis. *Int. J. Psychoanal., 35*, 85-89.

Stern, A. (1938). Psychoanalytic investigation of and therapy in the borderline group of neuroses. *Psychoanalytic Quarterly, 7*, 467-489.

Stern, A. (1945). Psychoanalytic therapy in the borderline neuroses. *Psychoanalytic Quarterly, 14*, 190-198.

Stern, A. (1948). Transference in borderline neuroses. *Psychoanalytic Quarterly, 17*, 527-528.

Stern, A. (1957). The transference in the borderline group of neuroses. *Journal of the American Psychoanalytic Association, 5*, 348-350.

Stern, D. N. et al. (1998). Non-interpretive mechanisms in psychoanalytic therapy: the 'something more' than interpretation. *Int. J. Psychoanal.*, 79, 903-921.

Stoerig, P. (2006). It's obvious that other animals experience very much like we do. In S. Blackmore (Ed.). *Conversations on consciousness.* Oxford: Oxford University Press, pp. 213-221.

Strachey, J. (1934). The nature of the therapeutic action of psychoanalysis. *Int. J. Psychoan.*, 15, 127-159

Teicher, M. H. (2002). Scars that won't heal: The neurobiology of child abuse. *Sci. Am.*, 286, 68-75.

Wegner, D. (2002). *The illusion of conscious will.* Cambridge, MA: Bradford Books-The MIT Press. 405 p.

Wegner, D. (2006). Don't think about a white bear. In S. Blackmore (Ed.). *Conversations on consciousness.* Oxford: Oxford University Press, pp. 245-257.

Wilson, E. O. (1998). *Consilience – The unity of knowledge.* New York: Alfred A. Knopf. 332 p.

Winnicott, D. W. (1951). Transitional objects and transitional phenomena. In *Through paediatrics to psychoanalysis* (pp. 229-242). London: Hogarth, 1958.

Winnicott, D. W. (1960). Ego distortions in terms of true and false self. In *The maturational processes and the facilitating environment* (pp. 140-152). London: Hogarth.

Winson, J. (2002). The meaning of dreams. In *The hidden mind* (vol. 12, n. 1, pp. 54-61). New York: Scientific American Special Edition.

Impresso por :

gráfica e editora

Tel.:11 2769-9056